T0098931

DERNIERS TITRES PARUS

QU'EST-CE QUE LE VAGUE ?

CHEMINS PHILOSOPHIQUES

Collection dirigée par Magali Bessone et Roger Pouivet

Paul ÉGRÉ

QU'EST-CE QUE LE VAGUE ?

PARIS

LIBRAIRIE PHILOSOPHIQUE J. VRIN

6 place de la Sorbonne, V e

2018

Cet ouvrage a été rédigé lors d'un séjour de recherche au Swedish Collegium for Advanced Study d'Uppsala. L'auteur remercie très vivement le SCAS ainsi que l'Agence Nationale de la Recherche (Programme TRILOGMEAN ANR-14-CE30-0010-01, financements Programme FrontCog ANR-10-IDEX-0001-02) de leur soutien.

Émile Borel, « Un paradoxe économique : le sophisme du tas de blé et les vérités statistiques », *Revue du Mois*, 4, 1907 © D.R.

Timothy Williamson, « Vagueness and Ignorance », in *Proceedings of the Aristotelian Society*, Supplementary Volumes, Vol. 66 (1992) © Blackwell Publishing

© *Librairie Philosophique J. VRIN*, 2018
Imprimé en France
ISSN 1762-7184
ISBN 978-2-7116-2789-9
www.vrin.fr

À Rachida, Isaac et Amir

INTRODUCTION

L'objet de ce livre est de traiter d'un phénomène abondamment discuté par les philosophes, les logiciens et les juristes depuis l'Antiquité, à savoir du vague de la plupart des termes que nous utilisons dans le langage. Une définition préliminaire que nous prendrons comme point de départ est la suivante : *un terme est vague quand il semble ne pas avoir de frontière d'application parfaitement déterminée.*

Pour l'illustrer, considérons un adjectif comme « grand », relativement à la taille physique de l'objet considéré. Un adulte dont la taille serait de 215 cm sera assurément considéré comme grand, et un adulte dont la taille serait de 130 cm comme n'étant pas grand, mais où tracer la frontière entre les individus grands en taille et ceux qui ne le sont pas ? Cette limite, si tant est qu'elle existe, semble incertaine, variable ou encore floue.

À l'opposé, considérons un adjectif comme « impair » dans le sens usité en arithmétique. Un nombre entier est dit impair quand le reste de sa division par 2 vaut 1. La signification du terme « impair » est entièrement déterminée par cette définition. Nous savons que 1, 3, 5, *etc.*, sont des nombres impairs, et que tous les autres nombres ne le sont pas. La frontière ne laisse place à aucun doute ni aucun flou.

Un grand nombre des expressions que nous utilisons couramment dans le langage sont vagues, au sens où leur signification les apparente davantage à un terme comme « grand » qu'à un terme comme « impair ». Ainsi, le vague ne concerne pas seulement les adjectifs, mais on le retrouve dans la plupart de nos catégories grammaticales. Considérons des noms communs tels que « personne », ou « planète », dont la signification juridique ou scientifique fait encore l'objet de controverses. Faut-il considérer un fœtus comme une personne ou pas ? Faut-il considérer un objet céleste tel que Pluton comme une planète ou pas ? Les cas en question constituent aux yeux même des experts des cas douteux, à la différence de ce que sont les termes « pairs » et « impairs » pour les mathématiciens.

Le vague affecte de la même façon les verbes. Pensons au verbe « sourire ». Sommes-nous capables de dire précisément quand une personne sourit ou pas ? Que faut-il dire alors de l'expression faciale de la Joconde de Léonard de Vinci : Mona Lisa est-elle en train de sourire, ou son expression est-elle plutôt neutre, voire sévère ? Certains déterminants eux-mêmes sont vagues, comme les mots « peu » ou « beaucoup ». Supposons que 4 enfants sur 25 manquent à l'appel un matin de classe. Dirions-nous dans ce cas que « beaucoup d'enfants sont absents » ? Si la réponse est oui, que dirions-nous alors de 3 enfants ? Si la réponse est non, que penser du cas où 5 enfants le seraient ?

Le phénomène du vague pose de façon aiguë la question de notre représentation qualitative de grandeurs quantitatives. Il soulève depuis l'antiquité un grand nombre de questions touchant la nature de la signification linguistique et celle des propriétés dénotées par ces expressions. En effet, si tant des expressions que nous utilisons couramment sont vagues, comment parvenons-nous à communiquer avec ces expressions? Par ailleurs, le défaut de frontière nette des expressions vagues est-il réel ou seulement apparent? L'objet de ce livre est d'apporter une réponse à ces questions. Avant de le faire, il convient d'en dire plus sur la caractérisation des expressions vagues.

MANIFESTATIONS CARACTÉRISTIQUES DU VAGUE

La définition même de ce qu'est un prédicat vague pose problème[1]. Cependant, il existe un relatif consensus sur l'existence de manifestations typiques du vague. Nous examinerons pour commencer trois de ces manifestations, généralement présentées comme symptomatiques[2]. Nous interrogerons, dans le chapitre suivant, le lien entre ces différents symptômes, de façon à déterminer si l'un d'entre eux prime les autres.

LES PARADOXES SORITES

L'une des manifestations les plus emblématiques du phénomène du vague est l'existence de paradoxes appelés *sorites*. Le mot « sorite » provient du grec *soros*, qui signifie « tas » ou « monceau ». Le terme est issu d'un argument attribué par Diogène Laërce (*Vies des philosophes*, II, 108) au philosophe mégarique Eubulide

---

1. Voir R. Sorensen, « An Argument for the Vagueness of "Vague" », *Analysis* 45 (3), 1985, p. 134-137 ; O. Bueno, M. Colyvan, « Just What is Vagueness ? », *Ratio* 25 (1), 2012, p. 19-33.

2. Voir R. Keefe, *Theories of Vagueness,* Cambridge, Cambridge University Press, 2002 ; N. Smith, *Vagueness and Degrees of Truth,* Oxford, Oxford University Press, 2008 ; P. Égré, N. Klinedinst (eds.), *Vagueness and Language Use*, « Introduction », Basingstoke, Palgrave Macmillan, 2002.

de Milet[1], l'argument dit du tas de blé, dont Galien rapporte la version dialectique suivante :

> Je dis donc ceci : dites-moi, pensez-vous qu'un seul grain de blé forme un tas ? À cela vous répondez : non. Alors moi : Qu'en est-il de deux grains ? Car mon but est de vous poser des questions à la suite, et si vous n'admettez pas que deux grains forment un tas, alors je vous le demanderai pour trois grains. Puis je continuerai à vous le demander plus avant concernant quatre, puis cinq, six, sept, huit, et vous direz sûrement qu'aucune de ces quantités ne forme un tas. […] Si vous ne dites à propos d'aucun de ces nombres, comme dans le cas de cent grains de blé par exemple, qu'il constitue un tas, mais, après cela, si vous dites, après qu'on a ajouté un grain, qu'un tas s'est alors formé, en conséquence cette quantité de blé est devenue un tas par l'addition d'un seul grain de blé, et si ce grain est retiré le tas se trouve éliminé. Et je ne connais rien de pire et de plus absurde que cette affirmation que l'être et le non-être d'un tas sont déterminés par un seul grain de blé. Et pour empêcher cette absurdité de vous coller à la peau, vous n'aurez de cesse de le nier, et vous n'admettrez à aucun moment que cette somme constitue un tas, même si le nombre de grains de blé atteint l'infini par l'addition graduelle et constante de grains supplémentaires. Et, en raison de cette dénégation, on prouve que le tas n'existe pas, du fait de ce beau sophisme[2].

---

1. L'argument est parfois attribué à Zénon d'Elée. *Cf.* le texte de E. Borel proposé ci-après (Texte 1, p. 65-69). Voir aussi J. Barnes, « Médecine, expérience et logique », *Revue de Métaphysique et de Morale*, 94 (4) 1989, p. 437-481 pour une critique de cette attribution.

2. *De l'expérience médicale*, XVII, 1-3, dans Galien, *Traités philosophiques et logiques*, trad. fr. C. Dalimier *et al.*, Paris, GF-Flammarion 1998.

Une manière plus compacte et non-dialectique de présenter le problème est sous la forme d'un argument à deux prémisses :

> P1. Un grain de blé ne forme pas un tas.
> P2. Si n grains de blé ne forment pas un tas, alors $n + 1$ grains de blé ne forment pas un tas.
> C. Donc, quel que soit le nombre n de grains, n grains de blé ne forment pas un tas.

La conclusion C est paradoxale, car elle contrevient au fait que tout tas est constitué d'un nombre fini de grains. Cependant, elle suit des prémisses P1 et P2 par application du principe de récurrence arithmétique.

Une variante du paradoxe sorite est également attribuée par Diogène à Eubulide, la version dite de l'homme chauve (*phalakros*) : un homme qui n'est pas chauve peut-il devenir chauve si on lui enlève un cheveu ? si on lui en enlève deux ? trois ? etc. La réponse à chacune de ces questions est censée être négative, pour les mêmes raisons rapportées par Galien dans la version dialectique de l'argument. Cette version constitue une forme « descendante » du sorite car elle procède par soustraction plutôt que par addition. On peut la reformuler en supposant qu'un homme qui aurait cette fois 50 000 cheveux sur la tête ne soit pas chauve :

> P1. Un homme qui a 50 000 cheveux sur la tête n'est pas chauve.
> P2. Si avoir n cheveux implique de ne pas être chauve, alors avoir $n-1$ cheveux aussi.
> C. Donc, un homme qui a 0 cheveu sur la tête n'est pas chauve.

Ici, la conclusion suit de la prémisse P1 en appliquant un nombre suffisant de fois la prémisse P2, de proche en proche. De nouveau, la conclusion est absurde, puisque n'avoir aucun cheveu constitue un cas nécessaire et indubitable de calvitie.

Chacune des expressions que nous avons produites précédemment se prête à la formulation d'un paradoxe sorite. C'est manifestement le cas pour « grand » à propos des tailles humaines, puisqu'on devrait accorder qu'une différence d'un nanomètre ne fasse là aucune différence significative. Mais c'est aussi le cas pour « sourire » : nous pouvons supposer qu'un changement infime de la courbe d'un sourire ne doive pas altérer notre perception du sourire comme tel. C'est encore le cas pour les déterminants « beaucoup » ou « peu ». Considérons leur application à des propriétés dénombrables. Quel que soit le nombre n d'individus que nous jugeons suffisant pour dire « beaucoup de A sont B », il semble qu'ôter un individu ne doive pas modifier nos jugements, et inversement pour « peu ».

Au premier abord, il paraît plus délicat de construire des sorites pour des termes comme « personne » ou encore « planète », mais la difficulté pour ces cas-là n'est qu'apparente, elle tient uniquement à la définition d'une échelle de comparaison quantitative pertinente. Par exemple, on accordera qu'un nouveau-né est une personne à part entière, mais aussi qu'il doit l'être déjà quelques secondes avant sa naissance. On accorderait aussi que si un fœtus est une personne, ce même fœtus une nanoseconde plus tôt est aussi une personne, car les caractères fonctionnels et morphologiques de ce fœtus n'auront pas changé significativement. Mais de proche en proche, et par une longue chaîne soritique, on devrait accorder qu'un embryon âgé de quelques secondes après la fécondation est aussi une personne. Cette conclusion ne va nullement de soi, car l'embryon âgé de quelques secondes n'a pas encore les caractéristiques fonctionnelles et morphologiques d'une personne humaine. Où tracer la frontière dès lors ? Pour certains, il devrait suivre de ce raisonnement qu'un embryon est une personne dès la fécondation d'un œuf par un spermatozoïde. Mais le droit l'entend différemment, ne considérant pas l'embryon comme une personne. Un cas concret d'embarras juridique concerne d'ailleurs le problème de savoir s'il peut y avoir homicide involontaire sur un enfant à naître. Une longue jurisprudence existe sur la question[1]. En 1998, la Cour d'Appel de Metz soutient que « pour qu'il y ait personne, il faut qu'il y ait être vivant, c'est-à-dire venu au monde et non encore décédé ». L'équivalence entre « vivant » et « venu au monde » est néanmoins fort contestable, et en 2000 la Cour d'Appel de Reims statue *a contrario* qu'un fœtus ayant « franchi le seuil de viabilité » est une « personne humaine », reconnaissant ce seuil *in utero*. En 2001, la Cour de Cassation arrête qu'il ne saurait y avoir homicide involontaire sur un fœtus, mais l'arrêt en question n'a pas toujours été suivi depuis dans des affaires semblables[2].

L'exemple du mot « planète » aussi est riche d'enseignement, car il s'agit d'un cas pour lequel les astronomes ont été confrontés il y a seulement quelques années à un embarras soritique. Une illustration éloquente

1. Voir le fort instructif arrêt de la Cour de Cassation, *Bulletin* n° 540 du 01/08/2001, que me signale N. Cayrol. Sur les aspects juridiques des sorites, je renvoie à N. Cayrol, « Qu'est-ce qu'un sorite ? » dans *Mélanges en l'honneur du Professeur Jean Rossetto*, LGDJ, 2016, p. 241-264.

2. En 2014 le tribunal de Tarbes reconnaît un chauffard coupable d'homicide involontaire sur un fœtus âgé de trente semaines. Le condamné a renoncé à faire appel.

nous est donnée par la découverte faite en 2003 du corps céleste « Eris » par l'astronome Mike Brown et son équipe. Eris est un corps céleste dont les dimensions et les propriétés sont remarquablement semblables à celles de Pluton, considérée jusqu'en 2006 comme la neuvième planète du système solaire (après sa découverte en 1930 par l'astronome Clyde Tombaugh), bien que plus distante encore du soleil. En 2005, au moment d'officialiser sa découverte, Brown se heurte à un cas de conscience en se demandant s'il peut légitimement annoncer la découverte de la « dixième planète » du système solaire. Il le fit dans un premier temps, avant de se raviser. En proie à un dilemme, il relate dans les termes suivants la façon dont il entreprit en 2005 d'élucider le sens courant du mot « planète » :

> Que veulent dire les gens lorsqu'ils utilisent le mot planète ? Ce printemps-là, bien avant que nul ne sache que le monde allait recevoir une dixième planète, je me mis à interroger chaque personne que je rencontrais. Les réponses étaient variées, et le plus souvent, scientifiquement incorrectes : de grands corps cailouteux du système solaire (mais non, il y a aussi des géantes gazeuses), des choses possédant des lunes (pas Mercure, ni Vénus !), des choses suffisamment grandes pour qu'on les voie à l'œil nu (Uranus, Neptune, et Pluton n'en sont pas) (…). J'interrogeais toujours les gens un peu plus avant : comment sauriez-vous si quelque chose de nouveau était une planète ? La réponse était toujours la même : si elle était aussi grosse que les autres planètes. Ou encore, selon l'interprétation que je me faisais de mon sondage non-scientifique de printemps, toute chose ayant au moins la taille de Pluton et qui orbite autour du soleil est une planète. (…) Je restais profondément partagé. Si Pluton

> était une planète, pourquoi les choses à peine un peu
> plus petites que Pluton n'étaient-elles pas considérées
> comme des planètes ? [1]

Sans le savoir, Brown se trouve acculé à un raisonnement de nature soritique. Le propre d'un argument sorite est justement de faire douter de la position de la frontière d'un terme, révélant par là-même son caractère vague.

CAS LIMITES D'APPLICATION ET AMBIVALENCE

Les exemples précédents indiquent que si un terme se prête à un argument sorite, alors il est vague. L'existence d'un argument sorite est par là même une condition *suffisante* du caractère vague de ce terme, mais on peut se demander si ce caractère constitue une condition *nécessaire*. Un symptôme parfois présenté comme plus neutre est l'existence pour un terme donné de *cas limites* ou *tangents* d'application de ce terme, entendus comme des cas pour lesquels il semble aussi difficile d'appliquer le prédicat que de rejeter le prédicat [2].

Pour tout prédicat vague, il existe des cas clairs d'application, des cas clairs d'exclusion, et une zone « grise » correspondant à un intervalle de cas douteux [3]. De nos jours, un adulte mesurant 215 cm constitue assurément un cas clair d'application du prédicat, et un adulte mesurant 130 cm un cas clair d'exclusion du

---

1. M. Brown, *How I Killed Pluto. And Why it had it Coming*, New York, Spiegel & Grau, 2010, p. 183.

2. Le reste de l'ouvrage, nous parlerons de « cas limite », et parfois de « cas douteux », pour ce que l'anglais appelle *borderline cases*.

3. *Cf. infra*, le texte de E. Borel et B. Russell, « Vagueness », *Australasian Journal of Philosophy and Psychology*, 1, 1923, p. 84-92.

prédicat, mais un adulte mesurant 175 cm constitue un cas incertain ou douteux.

Une façon de décrire la notion de cas limite est purement comportementale. Il s'agit de ces cas pour lesquels nous sommes ambivalents, ou encore de cas pour lesquels, si nous étions forcés de répondre par OUI ou par NON à la question « est-ce que x est P ? », nous serions enclins à répondre OUI la moitié du temps, et NON l'autre moitié. M. Black définit de cette manière la notion de prédicat vague, plutôt qu'à partir de l'existence d'une série soritique :

> Le vague d'un symbole est considéré comme consistant en l'existence d'objets pour lesquels il est intrinsèquement impossible de dire ni que le symbole s'applique, ni qu'il ne s'applique pas. L'ensemble de tous les objets à propos desquels la décision d'appliquer le symbole est intrinsèquement impossible est défini comme étant la « frange » du champ d'application du symbole [1].

Le terme de frange qu'utilise Black correspond à ce qui est parfois appelé la *région pénombrale*, ou encore la *zone grise* d'application du prédicat. Par définition, cette région constitue une zone de compétition entre verdicts contradictoires. L'existence de verdicts contradictoires est en général attestée non seulement pour des individus différents, mais aussi relativement au même individu. Inversement, les cas clairs d'application sont des cas pour lesquels les jugements inter-individuels comme intra-individuels sont censés être stables et convergents. Avant Black, Émile Borel est le premier à avoir proposé

---

1. M. Black, « Vagueness : An Exercise in Logical Analysis », *Philosophy of Science*, 4, 1937, p. 430.

une caractérisation de nature statistique des prédicats vagues comme étant des termes pour lesquels la décision d'application varie à la fois d'un locuteur compétent à un autre, mais aussi d'une occasion à l'autre pour le même locuteur (voir Texte 1 ci-dessous).

Les psychologues McCloskey et Glucksberg ont proposé en 1978 une version opérationnalisée de cette hypothèse en testant les jugements d'appartenance de trente participants relativement à diverses catégories. Par exemple, les participants à l'expérience devaient juger par OUI ou NON de l'appartenance de vingt items différents à la catégorie *véhicule*. Parmi ces vingt items, les sujets devaient juger d'items très typiques de la catégorie, comme *voiture, avion,* ou *bus,* mais aussi d'items atypiques comme *appartement,* ou *table,* et enfin d'items intermédiaires sur une échelle de typicité, comme *pieds, chaussures, ascenseur* ou encore *parachute.* Les participants devaient refaire l'expérience un mois plus tard, de façon à tester la stabilité de leurs jugements individuels.

Les résultats de cette expérience montrent que les items dont le caractère typique est intermédiaire sur une échelle de 1 à 10 sont aussi ceux pour lesquels les réponses binaires sont les plus divergentes entre participants. Par exemple, un parachute reçoit une note moyenne d'environ 5 concernant sa typicité sur l'échelle de 1 à 10, et il fait partie des items pour lesquels les sujets sont le plus divisés dans leurs décisions d'appartenance. En outre, une analyse des réponses de chaque sujet à un mois d'intervalle montre que ces mêmes items dont le caractère typique est intermédiaire sont ceux pour lesquels les sujets donnent le plus de jugements contradictoires d'une séance à l'autre. Cela signifie qu'un même sujet sera plus enclin à juger un parachute comme étant un véhicule lors de la première séance, et comme n'étant pas un véhicule lors de la seconde, qu'il ne le sera pour une voiture ou un bus, pour lesquels ses jugements resteront stables. Un parachute constitue par là-même un bon exemple de ce qu'il faut appeler un cas limite d'application de la catégorie *véhicule*, il n'est ni clairement inclus, ni clairement exclu de la catégorie.

L'expérience de McCloskey et Glucksberg donne une confirmation de l'idée selon laquelle les prédicats vagues sont des prédicats qui admettent une région d'ambivalence au plan intra-individuel comme au plan interindividuel. Comme on le voit, cette caractérisation de la notion de catégorie vague ne repose pas, du moins pas de façon obvie, sur la notion de série soritique.

FRONTIÈRES FLOUES ET VAGUE D'ORDRE SUPÉRIEUR

La définition d'un prédicat comme vague à partir de l'existence de cas limites ou douteux est souvent jugée insuffisante. L'idée est que l'existence de cas douteux est tout au plus une condition nécessaire, mais pas une condition suffisante du vague à proprement parler.

L'une des critiques souvent formulées est qu'un prédicat ne saurait être vague à proprement parler si l'on peut identifier des frontières nettes entre les cas clairs d'application, les cas douteux, et les cas clairs d'exclusion[1]. Un exemple construit *ad hoc* par Fine[2]

1. Par exemple T. Williamson, *Vagueness*, Oxford, Blackwell, 1994 ; N. Smith, *Vagueness and degrees of truth, op. cit.* ; D. Raffman, *Unruly Words : A Study of Vague Language*, Oxford, Oxford University Press, 2014.
2. K. Fine, « Vagueness, Truth and Logic », *Synthese*, 30, 1975, p. 265-300.

est celui du prédicat *joli*, défini par les deux règles contradictoires suivantes :

(R1) *n* est *joli* si et seulement si $n > 14$.
(R2) *n* est *joli* si et seulement si $n > 15$.

Que faut-il penser du cas de 15 ? D'après (R1), 15 est *joli*, mais d'après (R2), 15 n'est pas *joli*. Les deux règles (R1) et (R2) nous mettent dans la situation de double impossibilité décrite par Black : il semble intrinsèquement impossible de dire si *joli* s'applique au nombre 15 ou ne s'applique pas. En revanche, les règles (R1) et (R2) s'accordent sur le fait que 14 et ses prédécesseurs ne sont pas *jolis*, et aussi sur le fait que 16 et ses successeurs sont *jolis*.

Dans cet exemple, 14 et 16 constituent des cas clairs d'application et d'exclusion respectifs, et le cas 15 intermédiaire un cas problématique, mais la frontière entre les cas clairs et les cas douteux semble à première vue parfaitement déterminée de part et d'autre. Il en va apparemment autrement d'un prédicat comme « grand » relativement à l'échelle des tailles en centimètres. Dans ce cas-là, il semble que la transition entre les cas clairs d'application et les cas douteux soit elle-même incertaine et douteuse. Une autre manière d'exprimer cette idée est de dire que la frontière entre les cas clairs d'application d'un prédicat comme « grand » et les cas douteux est au mieux une frontière *floue*.

Un prédicat tel que *joli* correspond à ce que Machina appelle le *vague de conflit* entre règles d'application [1], mais il manquerait de manifester ce que les théoriciens du

---

1. K. F. Machina, « Truth, Belief and Vagueness », *Journal of Philosophical Logic* 5, 1976, p. 66.

vague nomment le *vague de second ordre*. Les définitions du vague de second ordre varient d'un auteur à l'autre, mais une définition parfois retenue est celle selon laquelle les cas limites d'application du prédicat ne doivent pas former une région bien délimitée. Pour le dire autrement, le prédicat « cas limite d'application du prédicat *grand* » est censé lui-même être un prédicat vague. On parlera de vague de troisième ordre si l'on suppose que l'on puisse itérer ce réquisit de vague pour le prédicat « cas limite de "cas limite d'application du prédicat *grand*" », et ainsi de suite.

Pour plusieurs auteurs, il fait partie de l'essence du vague de requérir un vague d'ordre supérieur. Ce réquisit devrait donc exclure un adjectif tel que *joli*, qui correspond à un cas de surdétermination par des propriétés précises. Raffman donne un exemple distinct, qui ne correspond pas à proprement parler à un cas de surdétermination, mais plutôt à un cas de variabilité permise sur un intervalle déterminé :

> Considérons un prédicat comme « sriche », que des locuteurs compétents appliquent en s'arrêtant arbitrairement à l'une de ces trois positions dans la série des salaires allant de 200 000 $ à 50 000 $: ils peuvent s'arrêter à 120 000 $, ou à 119 999 $, ou à 119 998 $, en variant arbitrairement parmi ceux-là d'une occasion à l'autre. Si la possession de domaines multiples d'application différant de façon arbitraire était suffisante pour le vague, « sriche » serait vague. Mais intuitivement, cela semble incorrect : étant donné son ensemble fixe de domaines d'application, « sriche » semble trop proche d'avoir des frontières nettes pour compter comme vague [1].

1. D. Raffman, *Unruly Words, op. cit.*, p. 105.

Il existe des cas concrets d'indétermination de ce genre. Field donne l'exemple du concept de racine carrée de -1, discuté par Brandom[1]. On peut définir cette notion à l'aide des nombres complexes, en posant que i est racine carrée de -1. Mais il faut noter que la valeur conjuguée de i, $-i$, vaut également -1 quand on l'élève au carré. Lequel d'entre i et $-i$ faut-il dans ce cas considérer comme étant « la » racine carrée de -1? Il semble n'y avoir pas de bonne réponse à cette question, autre que conventionnelle (on stipule que i est la racine carrée *principale*).

Ripley laisse entendre que ce cas d'indétermination sémantique ne correspond pas à un cas de vague à proprement parler, car pour lui il fait partie de l'essence d'un prédicat vague de se prêter à un argument soritique[2]. Or, dans le cas du concept « racine carrée de -1 », on ne voit pas de façon claire comment construire un sorite. Derrière cette intuition on peut reconnaître un lien entre le caractère soritique d'un prédicat et la notion même de frontière floue. Il convient à présent d'interroger ce lien plus généralement pour les différents traits caractéristiques du vague que nous avons distingués.

1. H. Field, « Indeterminacy, Degree of Belief, and Excluded Middle », *Noûs* 34 (1), 2000, p. 1-30; R. Brandom, « The Significance of Complex Numbers for Frege's Philosophy of Mathematics », *Proceedings of the Aristotelian Society* 96, 1996, p. 293-315.

2. D. Ripley, « Vagueness is a Kind of Conflation », *Logic and Logical Philosophy*, 26 (1), 2016, p. 115-135, n. 5.

VARIÉTÉS DU VAGUE
ET RELATION ENTRE CES CRITÈRES

Un prédicat vague est donc généralement présenté sur la base de trois critères principaux : (i) comme un prédicat qui se prête à un argument soritique, (ii) comme un prédicat qui admettrait des cas limites, à savoir des cas douteux d'application, et enfin (iii) comme un prédicat dont les frontières d'application sont floues, au sens où la région des cas douteux eux-mêmes ne devrait pas constituer une région bien déterminée. Que faut-il penser du lien entre ces différents traits ? L'un d'entre eux est-il plus fondamental que les autres touchant la nature du vague ?

L'une des thèses que je défends dans cet ouvrage est que l'admission de cas limites d'application est le critère premier pour affirmer qu'un prédicat est vague. Ce critère est plus fondamental à mes yeux que le réquisit de soriticalité, et ce dernier l'est à son tour plus que le défaut de frontière nette à tous les ordres.

PRIMAUTÉ DES CAS LIMITES

Le premier argument à l'appui de cette thèse est de nature phénoménologique : notre expérience du vague est fondamentalement ancrée dans l'hésitation ressentie touchant la meilleure manière de catégoriser un objet. Lorsque Brown s'est demandé si Eris était une planète ou pas, il semble qu'il n'ait pas songé immédiatement au caractère soritique de la décision d'inclure ou d'exclure Eris avec Pluton, mais qu'il ait plutôt été en proie à l'ambivalence caractéristique de la notion de cas limite touchant la question de savoir quel critère utiliser pour prendre la meilleure décision.

Cet argument a cependant une portée très limitée, car il se pourrait que l'hésitation devant un cas limite soit toujours accompagnée de l'admission de principe d'un raisonnement sorite. C'est le cas dans l'exemple de Brown, qui en vient à raisonner de façon soritique. Un second argument, plus fort que le précédent, est cependant un argument de généralité, fondé sur la reconnaissance de divers types de vague.

VAGUE DE DEGRÉ ET VAGUE COMBINATOIRE

Il existe en effet, comme l'ont souligné Burks puis Alston, différentes formes ou variétés de vague[1]. L'une d'elles correspond à ce qu'Alston appelle un *vague-de-degré* : cette notion de vague concerne la position d'une frontière le long d'une dimension de comparaison gradable. Burks parle de vague *linéaire*, pour souligner que les items auxquels s'applique le prédicat sont tels qu'on peut totalement les ordonner le long d'une dimension commune. Pour un adjectif comme « grand », l'échelle des degrés varie en fonction de celle des tailles ; de la même manière, pour un déterminant comme « beaucoup », l'échelle des degrés varie en fonction du nombre d'individus considérés ou de leur proportion

---

1. E. Burks, « Empiricism and Vagueness », , *The Journal of Philosophy* 43 (18), 1946 ; W. Alston, *Philosophy of Language*, Englewoods Cliffs NJ, Prentice Hall Inc., 1964.

à un nombre donné[1]. Mais une autre forme de vague correspond à ce qu'Alston nomme le *vague combinatoire*, et Burks le *vague multidimensionnel*. Cette forme de vague concerne la manière dont différents traits ou différentes dimensions doivent être pris en compte pour statuer sur un cas précis[2].

L'un des exemples produits par Alston pour illustrer la notion de vague combinatoire est celui du terme « religion ». Alston établit une liste non-exhaustive de neuf traits généraux, qui incluent la croyance en des entités surnaturelles, le fait de prier, ou encore le fait de valoriser une certaine relation sociale avec les membres du groupe, en soulignant qu'aucun de ces traits ne constitue à proprement parler une condition nécessaire ou suffisante de l'appartenance à la catégorie quand on considère l'exemple des items qu'il faut appeler religion[3]. L'intégration de ces différents traits pose problème et ne permet pas d'ordonner aisément deux activités les unes par rapport aux autres de façon à dire laquelle se rapproche plus de la notion idéale de religion.

La notion de vague multidimensionnel s'illustre aussi avec les adjectifs dits *évaluatifs*, comme « beau »

---

1. *Cf.* B. Partee, « Many Quantifiers » (1989), repris dans *Compositionality and Formal Semantics, Selected papers by Barbara Partee*, Oxford, Blackwell, 2004, chap. 12.

2. D'autres appellations ont été proposées pour cette dualité : vague extensionnel *vs.* intensionnel (K. Fine, art. cit.), quantitatif *vs.* qualitatif (voir M. Freund, « Vagueness through Definitions » *in* P. Cintula, C. Fermüller, L. Godo (eds), *Understanding Vagueness : Logical, Philosophical and Linguistic Perspectives*, College Publications, 2011, p. 95-113), dimensionnel *vs.* qualitatif (C. Kennedy, « Two Sources of Subjectivity : Qualitative Assessment and Dimensional Uncertainty », *Inquiry*, 56, 2013, p. 258-277).

3. Voir L. Wittgenstein, *Recherches philosophiques* (1953), trad. fr. F. Dastur *et al.*, Paris, Gallimard, 2005, pour des arguments semblables, et la section « Définitions contre airs de famille », *infra*, p. 52 *sq.*

ou « intelligent ». L'une des signatures du vague multi-dimensionnel est le fait que la forme comparative de ces adjectifs demeure généralement vague, alors que la forme comparative d'un adjectif unidimensionnel comme « grand » (pour la taille) résout le vague le long de la dimension pertinente. « Marie est plus grande que Suzanne » est un énoncé vrai si la taille de Marie en centimètres dépasse celle de Suzanne, et faux sinon. « Marie est plus belle que Suzanne » est un énoncé beaucoup plus difficile à évaluer, car pour « plus belle » on ne dispose pas d'une échelle de comparaison linéaire semblable à celle des tailles.

Le vague combinatoire peut d'ailleurs émerger alors même que chacune des dimensions de comparaison sous-jacentes ne se prête à aucun vague de degré. Un exemple donné par van Deemter est celui du comparatif « plus qualifié » relativement à un emploi de professeur [1]. Soit trois individus, Jean, Marie, et Suzanne, tels que Jean apparaisse plus qualifié que Marie en recherche, et Marie plus qualifiée que Suzanne. Imaginons qu'en matière d'administration, Marie soit plus qualifiée que Suzanne, et Suzanne que Jean. Enfin, en matière d'enseignement, que Suzanne soit plus qualifiée que Jean, et Jean que Marie. Comment décider lequel d'entre les trois candidats est le plus qualifié *simpliciter* ? Chaque candidat apparaît plus qualifié que les deux autres sous au moins deux dimensions, et globalement les candidats apparaissent soit incomparables soit également qualifiés [2].

---

1. K. van Deemter, *Not Exactly : In Praise of Vagueness*, Oxford, Oxford University Press, 2010.
2. Sur les liens entre vague et incommensurabilité, voir J. Broome, « Is Incommensurability Vagueness ? » *in* R. Chang (éd.), *Incommensurability, Comparability and Practical Reason*, Cambridge (MA), Harvard University Press, 1997.

Si le vague combinatoire ne se situe pas exactement sur le même plan que le vague de degré, il apparaît qu'il peut constituer une source d'embarras ou d'ambivalence du même type que ceux ressentis dans les cas soritiques. C'est pour cette raison qu'il semble plus général de caractériser le vague à partir de l'admission de cas douteux d'application. Parmi les cas concrets d'embarras liés au vague cités plus haut, le lecteur reconnaîtra facilement que « planète » ou « personne » illustrent non seulement le vague de degré, mais aussi le vague combinatoire (« personne » a une dimension civile et une dimension pénale, comme le souligne la cour de Cassation ; dans le cas de « planète », « avoir clairsemé le voisinage de son orbite » constitue une dimension propre, elle-même susceptible de degrés).

CONTINGENCE DU VAGUE DE SECOND ORDRE

Le troisième argument que j'avancerai à l'appui d'une caractérisation du vague en termes de l'existence de cas limites vise de manière plus spécifique l'idée selon laquelle il ne saurait y avoir de vague de premier ordre sans un vague d'ordre supérieur. Comme nous l'avons expliqué, cette thèse exclut par principe qu'un prédicat artificiel comme *joli* soit qualité de vague. Mais on peut donner des exemples de vague combinatoire attestés qui semblent avoir la même propriété de donner lieu à de l'indécision sans pour autant requérir que la région de vague soit une région aux contours flous.

Soit le prédicat arithmétique « premier ». De nos jours, un nombre est dit « premier » *s'il est divisible seulement par 1 ou par lui-même, et s'il est différent de 1*. Longtemps, la deuxième clause, qui exclut 1, n'a pas figuré dans cette définition : 1 étant divisible par 1 et par soi-même, il apparaissait naturel de dire que 1 est un nombre premier[1]. Diverses raisons ont peu à peu conduit la communauté des mathématiciens à exclure le nombre 1 de la catégorie des nombres premiers, notamment l'énoncé du théorème fondamental de l'arithmétique sur l'unicité de la décomposition de tout nombre en facteurs premiers. Cette décision est cependant conventionnelle, puisqu'en un sens il est inadéquat de dire que 1 est un nombre composite.

On voit qu'il s'agit de nouveau d'un problème de vague combinatoire. On peut considérer que, relativement à cet exemple, 1 constitue le seul cas incertain ou douteux d'application du prédicat *premier* parmi tous les nombres entiers, sans que le prédicat *premier* n'ait les caractères d'un prédicat soritique, ni en l'espèce d'un prédicat gradable (on ne peut dire d'un nombre qu'il est « plus premier » qu'un autre, sinon en un sens dérivé, relatif à son caractère typique[2]).

Ajoutons que même quand on considère les prédicats vagues gradables, qui se prêtent à un raisonnement soritique, il ne semble pas que ces cas doivent toujours donner lieu à un vague de second ordre. Prenons l'exemple du prédicat « grand nombre de doigts » appliqué aux doigts d'une seule main[3]. Considérons un contexte dans lequel on se demande si une personne amputée de la main a perdu « un grand nombre de doigts ». Manifestement, perdre les cinq doigts de la main constitue un cas clair,

---

1. *Cf.* P. Égré, « What's in a Planet ? » *in* M. Aloni *et al.* (eds.), *The Dynamic, Inquisitive and Visionary Life of φ, ?φ and ◊φ A Festschift for J. Groenendijk, M. Stokhof and F. Veltman*, ILLC, 2013.

2. Voir D. Armstrong, L. Gleitman, H. Gleitman, « What Some Concepts Might Not Be », *Cognition*, 13 : 1983, p. 263-308.

3. H. Gaifman, « Vagueness, Tolerance and Contextual Logic », *Synthese*, 174 (1), 2010, p. 5-46.

et n'en perdre aucun un cas clair du contraire. Perdre un seul doigt ne semble pas pouvoir signifier « perdre un grand nombre de doigts ». Perdre trois doigts implique de perdre une majorité de ses doigts, et constitue à mon sens déjà un cas clair du prédicat « grand nombre de doigts ». Admettons pour les besoins de l'argument qu'il y ait consensus sur le cas de trois doigts. Que faut-il alors penser de deux doigts ? Cela pourrait fort bien constituer un unique cas limite sur lequel les jugements divergent, sans nécessairement introduire un vague de second ordre.

Plus généralement, un examen attentif de l'intuition selon laquelle la transition entre les cas clairs d'application d'un prédicat et les cas clairs d'exclusion est pour ainsi dire « insensible » repose souvent sur la donnée d'un nombre d'individus en général supérieur à 10, et parfois même sur la donnée d'un domaine de variation dense ou même continu. Par exemple, la transition d'un rouge très typique à un orange très typique paraîtra d'autant plus douce que les teintes intermédiaires seront nombreuses entre ces deux extrémités.

Les manifestations les plus typiques du vague ne sont donc pas toutes sur le même plan. Le caractère soritique d'un prédicat est emblématique d'une forme spécifique de vague, le vague de degré. Mais on peut accorder que tout prédicat vague n'est pas nécessairement soritique, dès lors qu'il existe un vague de nature combinatoire qui touche à la sélection même des critères pertinents d'application d'un prédicat. Enfin, la thèse selon laquelle il ne saurait y avoir de vague sans vague d'ordre supérieur semble dépendre du contexte, à savoir de la granularité du domaine d'application considéré pour le prédicat.

IMPRÉCISION, AMBIGUÏTÉ
ET SENSIBILITÉ AU CONTEXTE

Nous avons désormais une idée juste de ce qu'il est convenu d'appeler les symptômes du vague d'un terme. Toutefois, ces symptômes ne nous donnent pas de définition du vague à proprement parler. Pour y parvenir, nous commencerons par distinguer le vague de plusieurs phénomènes voisins avec lesquels il a une affinité.

L'IMPRÉCISION

On utilise parfois l'adjectif « vague » à propos de la qualité d'une information reçue, pour signifier que l'information n'est pas aussi précise qu'elle devrait l'être, le plus souvent en lien avec une question sous-jacente.

Par exemple, si l'on me demande : « quel âge a Pierre ? », et que je réponds « il a entre 3 et 15 ans », je donne une information beaucoup moins précise que si je réponds « il a 5 ans ». La vérité de ce dernier énoncé implique celle du précédent, mais la réciproque est fausse. Le second énoncé est plus informatif, tout simplement parce qu'il élimine plus de possibilités. Un *énoncé* est couramment qualifié de vague quand il manque de la précision voulue ou attendue.

Il convient de noter que, dans cet exemple, le *prédicat* « avoir entre 3 et 15 ans » est *non-vague* : ce n'est pas un prédicat qui admette des cas limites, ni un prédicat qui se prête à un argument sorite. Il en va de même du prédicat « avoir 5 ans ». Ce dernier est d'ailleurs moins précis que le prédicat « avoir 5 ans, 2 mois et 3 jours », mais relativement à l'échelle de mesure rendue disponible par le calendrier, aucun de ces prédicats n'est vague au sens des symptômes que nous avons identifiés précédemment.

Il faut donc distinguer *l'imprécision extrinsèque* de certains énoncés, compatible avec l'usage de prédicats numériques parfaitement déterminés quant à leur signification, du *vague intrinsèque* de certains énoncés, qui semble prendre sa source dans le fait que ces prédicats ne semblent pas avoir de sens déterminé[1]. Quand je déclare « Pierre est grand », je communique une information nécessairement moins précise que si je dis « Pierre mesure 183 cm », car « Pierre est grand » est compatible avec un plus grand nombre de possibilités. Mais l'imprécision d'un énoncé comme « Pierre est grand » n'est pas sur le même plan que l'imprécision de « Pierre mesure au moins 182 cm et au plus 184 cm », tout simplement parce que le prédicat « grand » ne spécifie aucun intervalle exact de taille, au contraire du précédent. Un prédicat non-vague peut donc *dans certains cas* communiquer une information imprécise. Un prédicat vague communique *nécessairement* une information imprécise, du fait de la signification même de ce prédicat.

La notion d'imprécision est également utilisée comme synonyme d'*approximation*. Il s'agit le plus souvent

---

1. C. Kennedy résume l'opposition comme suit : « vagueness is a matter of semantics, [...] imprecision is a more general matter of use », *cf.* « Vagueness and Grammar : the semantics of absolute and relative adjectives », *Linguistics and Philosophy*, 30 (2007), p. 1-45.

d'imprécision numérique, pour souligner le fait qu'un instrument ne donne pas une mesure parfaitement exacte d'une grandeur donnée, mais une valeur approchée. Une mesure peut néanmoins être approximative mais de sorte que le rapport qui en est fait soit exact. Par exemple, si je dis que la longueur de tel ou tel objet mesuré est de 9,5 plus ou moins 0,05 cm, cela signifie par convention que la valeur réelle de l'objet mesuré est supposée être dans un voisinage de 0,05 cm autour de la valeur 9,5 avec un intervalle de confiance spécifié d'avance (de 95 % par exemple). La mesure manque donc d'être aussi précise que possible, mais le rapport est néanmoins exempt de vague.

L'AMBIGUÏTÉ

Le phénomène du vague est parfois assimilé à une forme d'ambiguïté. Les deux notions demandent toutefois à être distinguées. Un terme est ambigu quand il possède une ou plusieurs significations distinctes (en français « avocat » peut signifier un fruit, ou un homme exerçant le métier d'avocat). Intuitivement, un prédicat vague est compatible avec une multiplicité d'interprétations distinctes chacune plus précise. Par exemple, « Pierre est grand » pourrait vouloir dire que Pierre mesure au moins 180 cm, ou que Pierre mesure 182 cm, etc. Russell propose la définition suivante du vague :

> Une représentation est vague quand la relation entre le système représentant et le système représenté est non pas univoque mais plurivoque [1].

---

1. B. Russell, « Vagueness », art. cit., p. 89. Par « univoque », je traduis « one-one », et par « plurivoque », « one-many ».

Les cas d'ambiguïté lexicale sont manifestement des cas de plurivocité, et on pourrait vouloir identifier les deux phénomènes sur cette base. Comme nous l'avons évoqué, cependant, on peut construire des exemples de prédicats lexicalement ambigus, ayant deux significations distinctes, mais qui ne sont pas soritiques. L'exemple du prédicat *joli* de Fine est de ce type.

Pour qui considère qu'il est de la nature d'un prédicat vague de se prêter à un raisonnement soritique, il y a là un argument direct contre l'assimilation du vague à l'ambiguïté.

Plus haut, j'ai soutenu que le caractère soritique d'un prédicat n'est pas une condition nécessaire du vague de ce prédicat. Néanmoins, je partage l'analyse selon laquelle vague et ambiguïté ne sont pas interchangeables. Il suffit pour cela qu'il existe un terme lexicalement ambigu, mais tel qu'aucune de ses significations ne soit vague, ou encore tel que l'usage du terme ne produise aucune incertitude *intrinsèque* quant à laquelle des significations est visée en contexte. Les prénoms sont des prédicats de ce type : un même prénom peut généralement désigner plusieurs personnes différentes, y compris au sein de la même famille, mais il serait incorrect de dire que le terme correspondant est « vague » pour cette raison, car l'homonymie se résout parfaitement en contexte.

Le linguiste M. Pinkal propose une taxinomie éclairante des formes d'ambiguïté[1]. Il parle *d'ambiguïté au sens étroit* quand les expressions n'ont pas une signi-fication commune qui les subsume. L'homonymie et la polysémie en sont pour lui des manifestations. Il y a homonymie quand les significations plus précises ne sont pas apparentées. Il y a polysémie quand les expressions ont des sens néanmoins apparentés. Par exemple « vert »

---

1. M. Pinkal, *Logic and Lexicon*, Dordrecht, Kluwer, 1995.

peut désigner la couleur, mais aussi, l'immaturité d'un fruit. On ne saurait dire, sinon par plaisanterie, « tous les fruits de ce panier sont verts », pour désigner une moitié de kiwis très mûrs et une moitié de cerises toutes rouges mais à peine mûres.

Pinkal considère aussi des cas *d'ambiguïté au sens large*. Parmi ceux-là, il inclut des cas d'ambiguïté pragmatique plus que lexicale. Par exemple « étudiant » peut signifier selon les contextes « étudiant de chimie », « étudiant de physique », etc. Ces significations plus spécifiques sont subsumées sous une notion unique. La signification des termes vagues se rapproche de cette notion d'ambiguïté au sens large, qui revient à reconnaître une multiplicité d'usages distincts d'un même terme. Un terme tel que « grand » est susceptible, selon Pinkal, d'être utilisé en un seul sens générique (pour parler de la taille physique, et non de la grandeur morale, par exemple), mais les différentes spécifications de cette signification générique sont alors censées être proches les unes des autres.

Pinkal introduit à ce sujet des considérations liées à la granularité et à la distance entre significations plus spécifiques d'un même terme pour distinguer le vague de l'ambiguïté. Il écrit : « si le spectre de précisification d'une expression est perçu comme discret, on peut appeler cette expression ambiguë ; s'il est perçu comme continu, on peut l'appeler vague »[1]. Cette proposition lie de façon étroite la notion de terme vague à celle de terme soritique. Si les significations plus précises d'un même terme peuvent varier de façon continue sur un intervalle, le terme se prêtera assurément à un raisonnement soritique.

---

1. M. Pinkal, *Logic and Lexicon*, *op. cit.*, p. 76.

Néanmoins, la proposition de Pinkal est peut-être trop forte. Considérons à nouveau l'exemple du terme « grand nombre de doigts » et le spectre de variation discret allant de 1 à 5. Ici, le groupe nominal « nombre de doigts » impose une variation discrète des significations plus précises du terme « grand nombre de doigts », mais le vague semble subsister néanmoins. Il demeure vrai que ces significations en nombre fini sont voisines numériquement les unes des autres. Une manière d'affaiblir la description de Pinkal tout en en conservant l'esprit serait donc de dire que si le spectre de précisification d'une expression est perçu comme *non-connexe*, alors l'expression est ambiguë, mais que si le spectre de précisification est perçu comme *connexe*, alors l'expression sera plutôt appelée vague. Par connexe, j'entends ici la possibilité de passer d'une signification à l'autre sans faire de « saut »[1]. En d'autres termes, si les significations manquent d'être voisines (mentalement, ou dans l'espace des représentations sous-jacent), alors on sera d'autant plus enclin à parler d'ambiguïté pour un même terme, alors qu'inversement la proximité des significations invitera à plutôt parler de vague.

---

1. Bromberger propose un test de traduction pour distinguer le vague de l'ambiguïté lexicale (S. Bromberger, « Vagueness, Ambiguity and the "Sound" of Meaning » *in* M. Frappier *et al.* (eds.), *Analysis and Interpretation in the Exact Sciences*, Heidelberg, Springer, 2012, p. 75-93). « Avocat » se traduit soit par « avocado » en anglais soit par « lawyer ». La traduction impose de résoudre l'ambiguïté en deux significations lexicalisées différemment. En revanche, « grand » se traduit par « tall », et le terme de l'anglais demeure vague pour un locuteur anglophone, comme l'est le terme « grand » pour un francophone. Sur la relation entre homonymie et connexité, *cf.* I. Dautriche, E. Chemla, « What Homophones Say about Words », *PLoS ONE* 11 (9), 2016.

LA SENSIBILITÉ AU CONTEXTE

Les exemples de prédicats vagues par lesquels nous avons commencé manifestent un autre caractère commun, à savoir la très forte sensibilité de ces expressions au contexte de leur usage. Ce caractère est si prégnant qu'on peut se demander si le vague n'est pas réductible entièrement à la notion dite de *dépendance contextuelle*, à savoir de sensibilité *essentielle* au contexte.

Considérons un adjectif gradable comme « grand ». Il semble inapproprié de se demander ce que signifierait le mot « grand » sans spécifier au préalable plusieurs paramètres du contexte. Tout d'abord, « grand » est une expression polysémique, puisqu'on peut parler de grandeur morale, de grandeur physique, etc. Un premier paramètre de variation contextuelle est donc la dimension de comparaison. Une fois fixée la *dimension de comparaison* pertinente (la taille physique, par exemple), il demeure encore plusieurs paramètres de variation de la signification de cette expression. En général, on ne peut juger de la grandeur physique d'un objet sans spécifier une *classe de comparaison*[1]. Par exemple, « grand pour un joueur de basket-ball » et « grand pour un enfant de 7 ans » sont deux expressions qui ont assurément des significations différentes. Supposons qu'on spécifie à la fois la dimension de comparaison, et aussi la classe de comparaison. Que peut signifier alors « grand » ? Il semble que nos usages supposent en outre un *point de*

1. *Cf.* H. Kamp, « Two Theories about Adjectives », *in* E. L. Keenan (éd.), *Formal Semantics of Natural Language*, Cambridge, Cambridge University Press, 1975 ; L. J. Rips, W. Turnbull, « How big is big ? Relative and absolute properties in memory ». *Cognition*, 8, 1980, p. 145-174 ; E. Klein, « A semantics for positive and comparative adjectives », *Linguistics and philosophy*, 4 : 1980, p. 1-45.

référence, à savoir une norme ou encore un standard de comparaison, permettant d'établir par rapport à quoi une personne est grande ou pas.

Imaginons un contexte dans lequel la classe de comparaison comprend les joueurs de basket-ball. Considérons le cas de Tony Parker, un joueur de basket-ball dont la taille est de 188 cm. Quelqu'un qui jugerait que Tony Parler n'est pas grand pour un joueur de basket a manifestement en tête un point de référence plus élevé au sein de la classe de comparaison pertinente. Pour certains théoriciens du vague, le seuil en question est une valeur statistique saillante, par exemple la moyenne des tailles des joueurs de basket, ou encore la médiane [1]. Mais cette hypothèse est sans doute trop restrictive. Supposons que Marie connaisse très peu de joueurs, mais qu'une conversation sur le basket lui évoque infailliblement Michael Jordan, l'un des joueurs-phares des années 1980. Michael Jordan mesure 198 cm. En comparaison, Tony Parker apparaît comme nettement plus petit. Il s'agit d'un cas dans lequel la norme utilisée par Marie ne correspond pas nécessairement à une valeur moyenne ou même médiane relativement à l'ensemble des joueurs de basket, mais simplement à une valeur saillante pour Marie.

Parmi les théories influentes de la signification des adjectifs gradables, certaines font donc l'hypothèse que la forme positive d'un adjectif comme « grand » est seconde relativement à la forme comparative « plus

---

1. Voir R. Bartsch, T. Vennemann, « The Grammar of Relative Adjectives and Comparison », *Linguistische Berichte* 20, 1972, p. 19–32 ; S. Solt, « Notes on the comparison class », *in* R. Nouwen *et al.* (eds.), *Vagueness in Communication*, LNAI 6517, Springer, 2011, p. 189–206.

grand » [1]. « Grand » signifierait en fait – étant donné une dimension de comparaison et une classe de comparaison – « plus grand que S », où S est une valeur-norme de référence, susceptible d'ailleurs de varier d'un locuteur à l'autre. Le premier à avoir esquissé cette théorie est le linguiste et anthropologue E. Sapir, lorsqu'il écrit à propos du mot « beaucoup » (*many* en anglais, qui est en réalité un adjectif avant d'être un déterminant) :

> *Beaucoup* signifie simplement n'importe quel nombre, défini ou indéfini, qui vaut plus qu'un autre nombre considéré comme point de départ. Ce point de départ varie manifestement énormément selon le contexte. Pour une personne qui observe les étoiles sous un ciel clair, trente pourrait n'être que « peu », pour un relecteur qui corrige des erreurs sur une page d'épreuves, le même nombre pourrait bien compter non seulement comme « beaucoup », mais comme « un très grand nombre » [2].

En extrapolant, on peut donc concevoir qu'un terme vague soit un terme dont la signification comprend un ou plusieurs paramètres de variation contextuelle. Un point fondamental à souligner cependant est que toute expression dont le sens dépend de façon essentielle de la valeur contextuelle d'un paramètre libre n'est pas pour autant vague. La référence d'un pronom indexical comme « je » dépend fondamentalement du locuteur qui l'utilise, et de même la signification des pronoms « elle », « nous », dépend du contexte du locuteur. Cependant, ces expressions ne sont pas vagues, au sens où la notion de cas limite d'application ne trouve pas ici de pertinence.

1. Voir C. Kennedy, « Vagueness and Grammar », art. cit..
2. E. Sapir, « Grading : A study in semantics », *Philosophy of Science* 11 (2), 1944, p. 94 (ma traduction).

Mais inversement, le *vague-de-degré* d'une expression pourrait correspondre à une forme spécifique de sensibilité au contexte, à savoir le fait pour l'expression gradable correspondante de laisser libre le point de référence le long de la dimension de comparaison pertinente. Et de la même manière, le vague *multidimensionnel* équivaudrait au fait pour l'expression de laisser libre la ou les dimensions de comparaison, mais aussi la classe de comparaison, et éventuellement d'autres paramètres.

Raffman propose une sémantique des termes vagues fondée sur cette double dépendance à l'égard du contexte[1]. Pour elle, la signification d'un adjectif comme « riche » dépend d'un premier ensemble de paramètres contextuels qu'elle appelle un *indice-V*, la donnée notamment d'une *dimension* de comparaison et d'une *classe* de comparaison[2]. Par exemple, deux indices-*V* distincts pour *riche* seraient (d = *salaire*, c = *travailleurs en usine*) et (d'= *produit intérieur brut*, c'= *pays européens*). Une fois fixé l'indice-*V*, il reste un second niveau de sensibilité au contexte, qui correspond pour elle à la possibilité pour un locuteur compétent de fixer différemment la frontière d'application du prédicat au sein de la classe le long de la dimension sélectionnée.

On peut noter toutefois que si la spécification d'une classe de comparaison et d'une dimension implicite ou explicite de comparaison semble bien décrite en termes de variation contextuelle, la variabilité de la frontière du prédicat n'est pas nécessairement intégralement

---

1. D. Raffman, *Unruly Words, op. cit.*
2. Raffman considère un troisième paramètre que je laisse de côté, à savoir l'antonyme pertinent.

descriptible de cette manière. On pourrait imaginer deux locuteurs qui auraient en tête la même classe de comparaison, la même dimension de comparaison, le même point de référence, mais dont les jugements différeraient néanmoins sur ce qu'il convient d'appeler « grand ». Fara laisse entendre qu'une situation de ce genre peut se produire si les deux locuteurs ont une appréciation différente de ce qui compte comme une différence de taille *significative* relativement au point de référence [1]. Imaginons que la taille médiane des joueurs de basket soit pour Marie et Suzanne un même point de référence, mais que pour Marie, un individu apparaisse grand à proprement parler s'il diffère de seulement 2 cm de la médiane, alors que pour Suzanne, il faille une différence de 5 cm. Pour Fara, la question de ce qu'il faut compter comme une différence significative peut varier en fonction de la sensibilité comme des *intérêts* du locuteur.

Cette relativité de la signification aux intérêts du locuteur n'est pas nécessairement bien décrite comme un phénomène d'indexicalité linguistique, sauf à traiter le locuteur comme un paramètre du contexte. Burnett souligne par exemple que tous les adjectifs gradables manifestent une forme de sensibilité au contexte, mais les formes de cette sensibilité ne sont pas toutes sur le même plan [2]. Un adjectif comme « grand » est dit gradable *relatif* car il ne spécifie pas un standard de comparaison fixe d'une classe de comparaison à l'autre.

1. D. Fara, « Shifting Sands : an Interest-relative Theory of Vagueness », *Philosophical Topics* 28 (1), 2000, p. 45–81.
2. H. Burnett, *Gradability in Natural Language : Logical and Grammatical Foundations*, Oxford, Oxford University Press, 2016.

« Vide » en revanche est dit gradable *absolu*[1] parce que la signification de « vide » semble contrainte par la référence au degré 0 sur l'échelle de comparaison (un récipient qui ne contient aucune substance est nécessairement vide). Pour Burnett, cela signifie que, quelle que soit la classe de comparaison, « vide » signifie *stricto sensu* le degré 0 de remplissage. La signification de « vide » est donc en un sens plus contrainte selon les contextes que celle de « grand ». Mais on peut dire dans certains contextes : « il n'y avait que deux spectateurs ce soir, le théâtre était vide ». Ce type d'usage pour Burnett relève d'un phénomène d'imprécision pragmatique, plutôt que de variation d'un paramètre contextuel. Un locuteur qui prononce cette phrase le fait parce qu'il juge que la différence entre deux spectateurs et aucun n'est pas significative.

Il semble donc qu'une composante massive du phénomène du vague corresponde à une forme de sensibilité de la signification au contexte, mais il paraît téméraire de réduire intégralement le vague à un phénomène de sous-spécification de la signification linguistique en vertu de l'indétermination de certains paramètres contextuels. Bien que le vague comporte une affinité avec des phénomènes tels que l'imprécision, l'ambiguïté, ou encore la sensibilité au contexte, la conclusion de ce qui précède est que pour chacune de ces notions nous pouvons trouver des cas d'imprécision, d'ambiguïté ou de sensibilité au contexte qui ne comptent pas comme des cas de vague. Il nous reste à mieux comprendre les sources du vague.

1. Voir P. Unger, *Ignorance. A Case for Scepticism*, Oxford, Oxford University Press, 1979 ; C. Kennedy « Vagueness and grammar », art. cit.

SOURCES DU VAGUE

Les théories du vague diffèrent en général sur la question de savoir si le vague est un phénomène *ontique*, *épistémique* ou *sémantique*. Dans la vision dite ontique, le vague pourrait être dans les choses elles-mêmes. Dans les approches dites épistémiques et sémantiques, le vague est situé du côté de nos représentations : l'idée est que, même si la réalité externe à notre esprit est parfaitement déterminée, nos représentations, elles, manquent de l'être. Cett conception représentationnelle est la plus courante depuis Russell[1]. Russell écrit :

> Le vague comme la précision sont des caractéristiques qui peuvent seulement appartenir à une représentation, ce dont le langage est un exemple. Ils concernent la relation entre une représentation et ce qu'elle représente. En dehors de cette représentation, qu'elle soit cognitive ou mécanique, il ne peut y avoir rien de tel que le vague ou la précision ; les choses sont ce qu'elles sont, et la question s'arrête là[2].

Dans ce livre j'adopte la conception de Russell, non que je pense qu'il ne puisse exister un vague ontique,

---

1. Voir notamment D. Lewis, *De la pluralité des mondes*, trad. fr. M. Caveribère et J.-P. Cometti, Combas-Paris, Éditions de l'éclat, 2007.
2. B. Russell, « Vagueness », art. cit., p. 85.

mais parce que tous les problèmes que soulève la définition du vague sont en réalité compatibles avec l'hypothèse d'un univers externe à nos représentations qui serait parfaitement déterminé. Si le vague est bien du côté de nos représentations, il reste cependant à savoir s'il s'agit d'un phénomène de nature épistémique, ou de nature sémantique. Dans la vision épistémique, le vague est un phénomène d'ignorance de frontières parfaitement déterminées. Dans la vision sémantique, le vague est un phénomène d'indétermination de la signification : nos concepts vagues sont ceux pour lesquels les règles même de nos usages linguistiques manquent de spécifier une frontière déterminée.

La thèse que je défendrai est que le vague est fondamentalement un phénomène sémantique. Toutefois, le vague est un phénomène qui a manifestement plusieurs sources, et l'une de ces sources concerne l'imperfection de nos capacités de discrimination.

IGNORANCE FACTUELLE ET INCERTITUDE INTRINSÈQUE

Un premier argument en faveur de la conception dite sémantique du vague est celui selon lequel l'indécision ressentie devant les cas douteux d'application d'un prédicat vague n'a pas le caractère d'une incertitude de nature factuelle. Il semble s'agir plutôt d'une ambivalence liée à la reconnaissance d'une multiplicité de significations plus précises compatibles avec l'expression en question [1].

Il existe naturellement des prédicats non-vagues dont nous ne connaissons pas parfaitement l'extension. Un

---

1. Voir notamment S. Schiffer, *The Things We Mean*, Oxford, Clarendon Press, 2003.

prédicat comme « nombre premier » est parfaitement déterminé du point de vue sémantique, bien que nous n'en connaissions pas intégralement l'extension : à ce jour nous ne sommes pas capables de déterminer instantanément, de tout nombre donné, s'il est premier ou pas, mais nous savons que tout nombre nécessairement est premier, ou nécessairement ne l'est pas. Nos intuitions sont différentes pour les prédicats vagues. L'idée selon laquelle toute nuance de couleur serait telle qu'on doive en principe la reconnaître comme nécessairement « rouge » ou comme nécessairement « pas rouge » en vertu de la signification du prédicat semble plus difficile à admettre. Peirce définit pour cette raison la notion de vague comme une *incertitude intrinsèque*, plutôt que comme une incertitude liée à de l'ignorance factuelle :

> Une proposition est vague quand il existe des états de choses possibles concernant lesquels il est intrinsèquement incertain de savoir si, ces états de choses eussent-ils été contemplés par un locuteur, il les aurait regardés comme exclus ou comme permis par la proposition. Par intrinsèquement incertain nous voulons dire non pas incertain en conséquence de quelque ignorance de la part de l'interprète, mais parce que les habitudes de langage du locuteur sont indéterminées[1].

Pour un partisan de la conception épistémique du vague, nous pourrions toutefois être trompés par nos intuitions sur la différence entre incertitude intrinsèque et incertitude factuelle. Considérons quelqu'un qui se

---

1. C. S. Peirce, « Vague », *in* J. M. Baldwin (éd.), *Dictionary of Philosophy and Psychology*, vol. 2, New York, Macmillan, 1902, p. 748. M. Black, comme nous l'avons vu plus haut, parle à son tour d'« impossibilité intrinsèque » d'appliquer un terme ou de le nier d'un cas limite.

demanderait s'il doit prendre son parapluie avant de sortir, parce qu'il est incertain du temps. Il sait qu'il pleuvra ou qu'il ne pleuvra pas, mais il est incertain de l'issue, et l'ambivalence qu'il ressent n'est sans doute pas du même ordre, après tout, que l'incertitude ressentie face à la question de savoir si tel nombre est premier ou pas. La différence tient notamment au fait que dans le cas de la pluie, l'incertitude a des conséquences pratiques, que n'a pas forcément l'incertitude touchant la primalité de tel ou tel nombre. Sorensen[1] et Williamson[2] ne voient ainsi pas dans notre ambivalence devant les cas limites d'application d'un prédicat vague une ambivalence de nature fondamentalement différente de celle produite par notre ignorance (voir Texte 2, ci-dessous).

MULTIPLICITÉ RÉFÉRENTIELLE
ET TEXTURE OUVERTE

En défense de l'idée selon laquelle le vague est fondamentalement un phénomène d'indétermination sémantique, on peut toutefois avancer deux arguments. Le premier concerne la manière dont nos concepts vagues sont acquis. Le second concerne l'impossibilité de définir intégralement les dimensions d'un concept empirique.

(1) *Définitions ostensives et multiplicité référentielle*

L'acquisition de concepts vagues comme « rouge », « grand » ou « riche » se fait, semble-t-il, sur la base de *définitions ostensives*[3], c'est-à-dire en partie sur la

---

1. R. Sorensen, *Blindspots*, Oxford, Clarendon Press, 1988 ; et *Vagueness and Contradiction*, Oxford, Oxford University Press, 2001.

2. T. Williamson, « Vagueness and Ignorance », *Proceedings of the Aristotelian Society*, Supplementary Volumes, vol. 66, p. 145-162 ; et aussi T. Williamson, *Vagueness, op. cit.*

3. E. Burks, « Empiricism and Vagueness », art. cit.

base d'exemplaires spécifiques et d'une règle visant à généraliser sur la base de ces exemplaires pris comme points de référence. Si par exemple « rouge » devait signifier : « toute nuance similaire à cette nuance », il resterait à savoir si « cette nuance » désigne toujours une unique nuance, et si « similaire » obéit à une règle parfaitement rigide.

Prenons le cas de la couleur, et simplifions le problème en supposant que « similaire » signifie « plus proche de cette nuance que de toute autre nuance typique », dans un espace perceptif dont on aurait fixé intégralement les propriétés métriques. Dans ce cas, un énoncé comme « x est plus similaire à y que z » peut se traduire de façon parfaitement précise en terme de distance (par exemple, en considérant une distance euclidienne). Mais généralement, la signification d'un terme de couleur n'est pas fixée par la donnée d'un *unique* exemplaire pris comme valeur typique, mais plutôt par la donnée d'un *ensemble* d'exemplaires dont nous faisons l'apprentissage au fur et à mesure de notre expérience. Il existe donc, pour chaque terme de couleur, une multiplicité de valeurs référentielles pouvant servir de valeurs typiques.

Douven *et al.* soutiennent que l'on peut rendre compte de cette façon de l'émergence de cas limites d'application des prédicats de couleur, à partir de la multiplicité des valeurs typiques associées à chaque terme de couleur[1]. L'idée est qu'il y a pour « jaune »,

---

1. I. Douven, L. Decock, R. Dietz, P. Égré, « Vagueness : A Conceptual Spaces Approach », *The Journal of Philosophical Logic* 42 (1), 2013, p. 137-160. Cette approche s'appuie sur la théorie des espaces conceptuels de Gärdenfors (P. Gärdenfors, *Conceptual Spaces*, Cambridge (MA), MIT Press, 2000). Pour une étude empirique de la typicité des termes de couleur, voir I. Douven, S. Wenmackers, Y. Jraissati, L. Decock, « Measuring Graded Membership : The Case of Color », *Cognitive Science* 41 (3), 2017, p. 686-722.

« rouge », ou « orange » des valeurs focales, mais ces valeurs focales définissent une *région* de notre espace perceptif, plutôt qu'un unique point. Il n'existe donc pas toujours de réponse unique à la question de savoir si une nuance de couleur donnée est plus proche du rouge que de l'orange, car tout dépend des valeurs typiques que l'on associe à « rouge » et à « orange ». Un cas limite entre le rouge et l'orange pourrait justement être un cas qui, quand on le rapporte à tel couple de nuances typiques (ROUGE 1, ORANGE 1) est plus proche du rouge, mais quand on le rapporte à tel couple de nuances typiques (ROUGE 2, ORANGE 2), est cette fois plus proche de l'orange.

Cette notion de multiplicité des valeurs référentielles peut servir à justifier la thèse de Raffman d'après laquelle un terme est vague quand sa signification autorise à ce qu'on spécifie la frontière de ce terme d'une multiplicité de manières, sans violer les règles d'un usage compétent du terme en question.

(2) *Multidimensionnalité et texture ouverte*

Le cas des prédicats de couleur peut sembler particulier. Que faut-il penser de termes vagues plus abstraits, come « liberté », « justice », pour lesquels la notion de similarité relativement à des exemplaires pris comme valeurs typiques est beaucoup plus difficile à définir ?

La différence pourrait n'être que relative à la complexité des dimensions de comparaison sous-jacentes. Mais il intervient ici un second problème, très général, qui a trait à la définition même de la notion de dimension pertinente d'application d'un prédicat. Le problème n'est plus que, pour une même dimension ou un même ensemble de dimensions de comparaison, il

puisse exister une multiplicité de valeurs référentielles,
mais il est en quelque sorte symétrique : pour une même
valeur référentielle, il existe un nombre potentiellement
indéterminé de dimensions de comparaison pertinentes[1].
Waismann considère l'exemple du concept d'or et fait
état des considérations suivantes, en lien avec la théorie
dite vérificationniste de la signification des termes
d'expérience :

> La notion d'or semble définie avec une absolue
> précision, disons par le spectre de l'or et ses valeurs
> caractéristiques. Mais que diriez-vous si l'on découvrait
> une substance qui ressemble à de l'or, qui satisfasse tous
> les tests chimiques de l'or, mais qui émette une sorte
> de radiation nouvelle ? [...] Aussi loin que portent nos
> efforts, aucun concept n'est limité de sorte à ne laisser
> aucune place au doute. Nous introduisons un concept et
> le limitons dans certaines directions ; par exemple, nous
> définissons l'or par contraste avec d'autres métaux
> comme les alliages. [...] Nous tendons à négliger le fait
> qu'il y a d'autres directions selon lesquelles le concept
> n'a pas été défini. [...] En bref, il n'est pas possible
> de définir un concept comme l'or avec une précision
> absolue, c'est-à-dire de façon à boucher chaque recoin
> et chaque fissure contre l'entrée du doute. C'est ce que
> nous appelons la texture ouverte d'un concept[2].

La notion de texture ouverte n'est pas seulement
théorique. Les cas abondent, dans l'histoire des sciences,
d'émergence de dimensions imprévues par l'effet de la
découverte de cas nouveaux. L'un des exemples que
nous avons cités précédemment concerne la révision

---

1. Voir F. Waismann, « Verifiability », *Proceedings of the
Aristotelian Society* 19, 1945, p. 119-150 ; et E. Burks, « Empiricism
and Vagueness », art. cit., qui formule en substance le même argument.

2. F. Waismann, « Verifiability », art. cit., p. 123.

de l'extension du terme « planète » par l'Union Astronomique Internationale (IAU) en 2006. À première vue, il aurait pu sembler que la définition du terme « planète » soit entièrement exempte de vague, le terme « planète » désignant en 2005 un ensemble déterminé de neuf objets célestes du système solaire. En réalité, la découverte d'Eris et d'autres corps célestes de la région appelée *ceinture de Kuyper* a rendu progressivement saillante une dimension de comparaison proposée indépendamment par les astronomes, à savoir le fait pour un corps céleste d'avoir suffisamment clairsemé le voisinage de son orbite d'autres corps célestes[1]. L'IAU a donc proposé la définition suivante d'une planète, à savoir un corps céleste :

> (a) En orbite autour du soleil
> (b) Ayant une masse suffisante pour que sa gravité surpasse les forces de corps rigides de façon à avoir la forme d'un équilibre hydrostatique (quasi-ronde)
> (c) Qui a clairsemé le voisinage de son orbite.

Le critère (c) correspond ici à la dimension nouvelle et imprévue qui a abouti à restreindre l'extension du terme « planète ». L'exclusion de Pluton de la catégorie s'est accompagnée par ailleurs de l'introduction d'une nouvelle définition ostensive, puisque Pluton a été déclaré par l'IAU comme le *prototype* de la catégorie d'« objet trans-neptunien ». Par ailleurs, la définition de l'IAU est manifestement révisable. Elle ne retient pas comme condition nécessaire, par exemple, la possession d'un satellite naturel, mais ici aussi nous pourrions imaginer

---

1. Ce critère, malgré son apparence qualitative, est en réalité un critère quantitatif. Voir S. Soter, « What is a Planet? » *Scientific American*, January 2007, p. 31-42.

que cette dimension ou toute autre puissent devenir plus saillantes à la faveur d'une extension du domaine du concept (par exemple, par la découverte de nouvelles exoplanètes).

La notion de texture ouverte correspond donc au fait qu'il est en général impossible de spécifier intégralement les dimensions d'application pertinentes d'un concept issu d'une expérience perceptive. Waismann écrit :

> Le *vague* doit être distingué de la *texture ouverte*. Un mot utilisé de manière fluctuante (tel que « tas » ou « de couleur rose ») est dit vague ; un terme comme « or », bien que son usage effectif ne soit pas vague, n'est pas exhaustif ou présente une texture ouverte en cela que nous ne pouvons pas combler tous les interstices par lesquels le doute peut s'insinuer. La texture ouverte est quelque chose comme *la possibilité du vague*. On peut remédier au vague en donnant des règles exactes, mais pas à la texture ouverte [1].

La citation de Waismann indique qu'il voit le vague avant tout comme un phénomène *extensionnel*, c'est-à-dire en référence à l'occurrence de cas douteux *effectifs*. Toutefois, on peut parler de vague *intensionnel* si l'on définit un terme vague par l'admission de cas douteux *potentiels* [2]. En 1950, Pluton ne constituait pas un cas douteux d'application du terme « planète », mais peu à peu Pluton est apparu comme un cas douteux. On peut donc dire rétrospectivement qu'en 1950, Pluton constituait un cas douteux *potentiel*.

Nous voyons donc deux raisons de soutenir une conception sémantique du vague. La première concerne le

1. F. Waismann, « Verifiability », art. cit., p. 123.
2. Voir par exemple D. Hyde, *Vagueness, Logic and Ontology*, London, Ashgate, 2008, p. 3.

vague extensionnel d'un terme en lien avec la multiplicité référentielle des valeurs typiques à partir duquel il est défini. La seconde concerne le vague intensionnel de ce terme en lien avec la multiplicité des dimensions de comparaison pertinentes pour son application.

DÉFINITIONS CONTRE AIRS DE FAMILLE

La question de la définissabilité des concepts empiriques se pose de façon particulièrement aiguë pour les concepts nominaux, qui semblent basés sur la reconnaissance de traits. Wittgenstein donne l'exemple du concept de *jeu* pour faire valoir la difficulté à donner des conditions qui seraient nécessaires et suffisantes de ce que nous considérons comme des jeux [1]. On pourrait penser qu'un jeu implique qu'il y ait un gagnant et un perdant, mais cela ne vaudrait pas d'un enfant qui joue à la poupée. On pourrait concevoir que les jeux impliquent une dimension sportive, mais à nouveau, il n'est pas clair que cela s'applique à tous les jeux. Wittgenstein suggère que lorsqu'on considère l'ensemble des activités que nous sommes enclins à appeler des jeux, on voit non pas des conditions nécessaires et suffisantes, mais un réseau de ressemblances plus ou moins prononcées.

Wittgenstein introduit à ce propos la notion d'*air de famille*, pour mentionner le fait que les membres d'une même famille ont un certain nombre de traits en communs, sans pour autant qu'on puisse ramener ces traits à des caractères nécessaires et suffisants. L'un des exemples qu'il envisage est fondé sur la notion de série soritique. Soit un objet qui aurait les traits ABCDE, un autre les traits BCDEF, et un troisième les traits CDEFG. On pourrait soutenir que les caractères CDE, qui sont

---

1. L. Wittgenstein, *Recherches philosophiques*, op. cit., § 65-78.

les seuls possédés par les trois objets, sont nécessaires et suffisants pour que ces trois objets forment une seule et même catégorie. Mais l'intuition de Wittgenstein est qu'un objet qui serait ABDEF pourrait aussi appartenir à la catégorie, bien que manquant du caractère C. Il pourrait même s'avérer que les membres d'une même catégorie soient tels que, relativement à un ensemble de traits donnés, aucun des traits ne soit partagé par tous les membres de la catégorie.

Cette intuition a été élaborée par la psychologue Eleanor Rosch et ses associés à partir des années 1970, dans une série d'études très influentes sur la psychologie des concepts. Rosch et Mervis présentent les catégories ordinaires comme des « réseaux d'attributs se chevauchant »[1]. Relativement à un ensemble d'objets (par exemple, « chaise », « sofa », « téléphone », « vase ») susceptibles d'être tous subsumés sous une catégorie comme « meuble », et relativement à l'ensemble des attributs listés de façon courante par les participants pour chaque objet (par exemple, « qu'on a chez soi », « servant à s'asseoir »), Rosch et Mervis mesurent une corrélation très forte entre le degré auquel un item est jugé typique d'une catégorie, et le nombre d'attributs que cet item partage avec les autres items de la catégorie, pondéré par la fréquence de chacun des attributs parmi les items (ce que Rosch et Mervis appellent le *score d'air de famille*). Par exemple, une chaise est jugée plus typique d'un meuble qu'un téléphone, et cela corrèle avec le fait que la chaise partage plus d'attributs saillants avec les autres membres de la catégorie « meuble ».

1. E. Rosch, C. Mervis, « Family Resemblances : Studies in the Internal Structure of Categories », *Cognitive psychology*, 7 (4), 1975, p. 573-605.

L'approche de Rosch suggère que l'appartenance à un concept vague n'est pas purement binaire, mais plutôt une question de degré, et que ce degré est une fonction de l'air de famille du concept comme de sa typicité. On peut ainsi voir le vague comme un effet du chevauchement entre des attributs distincts. Du fait du chevauchement, il n'y a pas de frontière *imposée*, mais plutôt des frontières *possibles*. De façon plus radicale encore, on pourrait soutenir qu'il n'y a pas de frontière, mais plutôt un continuum de degrés qui s'estompent à mesure qu'un objet partage de moins en moins d'attributs avec les autres [1].

Il faut cependant voir avec prudence la portée de la notion d'air de famille. Comme l'ont souligné à juste titre Smith et Medin [2] mais aussi Armstrong *et al.* [3], l'impossibilité d'énumérer des conditions nécessaires et suffisantes pour un concept n'est pas une raison suffisante de conclure que ces conditions n'existent pas. Pour Armstrong *et al.*, le degré de typicité d'un item relativement à une catégorie constitue une *méthode d'identification*, plus qu'un *critère d'appartenance*. Par exemple, une autruche ne serait pas nécessairement jugée typique de la catégorie « oiseau », mais elle n'en appartient pas moins à la catégorie scientifique, sur la base de critères qu'on peut établir.

Néanmoins, il existe d'autres exemples plus troublants de la difficulté à individuer les espèces naturelles, y compris pour un biologiste. Van Deemter discute un

1. Voir G. Lakoff, « Hedges : A Study in Meaning Criteria and the Logic of Fuzzy Concepts », *Journal of Philosophical Logic*, 2 (4), 1973, p. 458–508.

2. D. Smith, D. Medin, *Categories and Concepts*, Cambridge (MA), Harvard University Press, 1981.

3. « What Some Concepts Might Not Be », art. cit.

exemple dû au biologiste Richard Dawkins, d'une série de populations de salamandres (*ensatina*) réparties en anneau autour de la vallée centrale de Californie[1]. Les populations voisines peuvent se reproduire deux à deux le long de l'anneau, mais non les populations aux extrémités de l'anneau. A-t-on affaire à une ou à plusieurs espèces? Le critère de reproduction est fort plausible à première vue, mais on voit qu'il aboutit à des verdicts contradictoires. Face à ces cas, le biologiste est donc tenu d'utiliser d'autres critères pour l'individuation d'une espèce[2].

GRANULARITÉ ET RICHESSE DE L'EXPÉRIENCE

L'exemple de Dawkins nous amène à discuter une autre source possible du vague, qui concerne spécifiquement le vague de degré. Pour Dawkins, la notion de frontière entre les espèces est « une imposition de l'esprit discontinu » sur une réalité sous-jacente, biologique ou physique, supposée continue. Cette thèse rappelle celle défendue par Bergson lorsque ce dernier, évoquant les paradoxes de Zénon, parle de l'enfance, l'adolescence et l'âge adulte comme « de simples vues de l'esprit, des arrêts possibles imaginés pour nous, du dehors, le long de la continuité d'un progrès »[3].

Considérons le vocabulaire de la couleur : nous ne disposons que d'un répertoire limité de termes, aussi

1. K. Van Deemter, *Not Exactly*, *op. cit.* ; R. Dawkins, *The Ancestor's Tale*, Phoenix paperback, 2004, p. 308 *sq.*

2. Pour une discussion de cet exemple et d'autres semblables, voir J. Dokic, P. Égré, « L'identité des *qualia* et le critère de Goodman », Manuscrit, Institut Jean-Nicod, 2009, disponible sur HAL.

3. H. Bergson, *L'évolution créatrice* (1907), Paris, P.U.F., 1991, p. 311.

raffiné soit-il, pour l'immense variété des couleurs que nous percevons dans notre expérience, au gré des éclairages et des surfaces. Notre expérience de la couleur est donc essentiellement plus riche que ce que nous pouvons décrire. Pour décrire précisément chaque nuance possible, il faudrait en principe un répertoire aussi nombreux que le nombre possible des couleurs. Or notre lexique est borné [1].

Cet argument de la richesse de l'expérience est à première vue fort convaincant, mais il requiert un examen plus attentif. Tout d'abord, il devrait suffire pour les besoins de l'argument que le nombre des nuances de couleur, sans nécessairement être continu ou même infini, soit plus élevé que le nombre des vocables à notre disposition. Supposons un domaine fini ou infini d'objets à décrire, par hypothèse plus nombreux que notre vocabulaire. Pourquoi n'utilisons-nous pas ce vocabulaire de façon néanmoins rigide et déterminée ? Par exemple, supposons que nous ayons seulement deux noms de couleur, « rouge » et « jaune », mais que nous percevions trois nuances, à savoir ROUGE, ORANGE et JAUNE. Supposons même que ces trois nuances aient *in rebus* des frontières bien distinctes. Nous aurions alors plusieurs possibilités d'utiliser « rouge » et « jaune » d'une manière qui ne soit pas vague. Nous pourrions réserver « rouge » pour ROUGE, et utiliser « jaune » pour la région ORANGE-JAUNE, ou faire l'inverse, utiliser « jaune » pour JAUNE, et réserver « rouge » pour la région ROUGE-ORANGE. Nous pourrions aussi décider d'une frontière arbitraire au sein de la région orange, et décider

---

1. *Cf.* N. Cayrol, « Qu'est-ce qu'un sorite ? », art. cit., pour des arguments de ce type.

que le « rouge » et le « jaune » incluent chacun un peu de la région ORANGE.

L'objection à ce procédé est que nous manquons d'un terme pour distinguer *au plus près* la région ORANGE des deux autres régions. Il est donc envisageable que les termes « rouge » et « jaune » puissent être utilisés de manière fluctuante, pour désigner parfois du ROUGE seul, parfois une région plus étendue, et parfois même la seule région ORANGE. Sous cette hypothèse, il n'est donc pas requis que la réalité soit continue pour donner lieu à une forme de vague, il suffit que la réalité soit plus « peuplée » ou plus riche que le lexique.

Il demeure cependant une objection, qui concerne la possibilité d'enrichir progressivement le lexique. Après tout, nous pouvons introduire un nouveau terme chaque fois que nous en manquons, pour décrire tout nouvel aspect de l'expérience. Prenons un exemple de richesse extrême, celui des nombres réels, dont la cardinalité dépasse celle des nombres entiers. Il existe une infinité non-dénombrable de nombres réels. Toutefois, chaque fois que nous rencontrons un nombre réel qui nous intéresse particulièrement, nous pouvons lui donner un nom, et le distinguer des autres. Pourquoi donc, si le contenu de notre expérience est si riche, ne pas y marquer successivement des frontières stables, à mesure que nous y introduisons de nouvelles distinctions?

Il y a là une objection sérieuse au principe d'une explication de l'origine du vague par le seul fait de la richesse essentielle du contenu de l'expérience. Notre premier argument était que si notre vocabulaire est contraint d'être fixe et qu'il est moins riche que le contenu de notre expérience, alors oui, certains de nos termes sont susceptibles d'acquérir un sens plurivoque, satisfaisant ainsi à la définition russellienne de terme vague. Mais si le vocabulaire peut croître, alors il reste à expliquer pourquoi nous ne gardons pas des marques fixes pour décrire notre expérience.

On peut faire plusieurs réponses à cette question, qui toutes nous orientent en direction de l'économie de nos représentations cognitives et linguistiques. Une première réponse est que la réalité visée, même sans être continue, est généralement susceptible d'avoir un *grain plus fin* que celui fixé par un maillage prédéfini. Un peintre spécialiste de la couleur pourrait à la rigueur avoir en tête autant de termes que les numéros d'un nuancier de couleur, mais l'expérience est effectivement susceptible de lui apporter des cas nouveaux, qui ne s'accorderaient pas au maillage proposé par le nuancier. Comme dans l'exemple évoqué plus haut, une teinte intermédiaire entre deux teintes pourrait être telle que nous voulons lui appliquer alternativement les noms des teintes adjacentes, tout en en reconnaissant l'inadéquation [1]. Une seconde réponse est que si nous pouvons effectivement enrichir indéfiniment notre lexique, nous ne pouvons généralement mémoriser de façon efficace qu'un nombre fini de termes. C'est donc un fait de notre entendement que nous sommes généralement limités, relativement à n'importe quel domaine de variation quasi continue, à n'utiliser qu'un maillage grossier. Troisièmement, à supposer même que

---

1. Cette intuition est à la base de la théorie dite des ensembles grossiers (*rough sets*), développée pour rendre compte du phénomène du vague en terme de granularité (Z. Pawlak, « Rough Sets », *International Journal of Computer & Information Sciences*, 11 (5), 1982, p. 341-356). Voir également *infra* le texte de Borel, qui rattache le sorite à la notion de granularité, plus qu'à celle de continuité.

nous puissions mémoriser un nombre indéfini de noms de couleur, il n'est pas sûr que nous puissions les discriminer de façon fiable. De fait, mémoriser le nom d'une teinte ne signifie pas seulement garder en mémoire un nom, mais mémoriser l'association entre un nom et une couleur, de façon à ré-identifier la couleur à l'avenir. La notion de discrimination est si centrale à certaines théories du vague qu'elle mérite une discussion séparée.

DISCRIMINATION IMPARFAITE

Dans la section « Multiplicité référentielle et texture ouverte », nous avons fait état de sources sémantiques du vague, liées notamment à la multiplicité des valeurs référentielles pour un même terme, de même qu'au caractère ouvert et indéfini des dimensions de comparaison pertinentes pour nombre de termes vagues. Le vague de degré d'un terme implique une dimension de comparaison susceptible de varier par degrés plus ou moins rapprochés. Dans bien des cas, la variation peut être continue (par exemple la taille, relativement au prédicat « grand »). Dans les cas mêmes où la variation n'est pas continue, la variation peut se faire de sorte que nous manquerions de discriminer de façon fiable entre éléments voisins le long de la dimension pertinente.

Williamson souligne ainsi qu'une source du vague semble se situer dans l'intransitivité de la notion d'indiscriminabilité perceptive [1]. Appelons *indiscriminables* deux objets que nous ne saurions distinguer de façon fiable, c'est-à-dire au-delà d'un certain pourcentage de réponses correctes lors d'expositions répétées. En psychophysique, on définit ainsi la notion de « différence

---

1. T. Williamson, *Vagueness*, *op. cit.*, p. 237.

juste perceptible » (*Just Noticeable Difference* ou JND),
en fixant un seuil conventionnel sur le pourcentage des
réponses correctes[1]. Par exemple, si dans une tâche
dans laquelle on me présente trois teintes de couleur *t*,
a et *b*, et où je dois décider à laquelle des deux autres
(*a* ou *b*) la troisième (*t*) est identique, je ne parviens
pas à une réponse correcte plus de 75 % du temps, on
pourra considérer que *a* et *b* sont situées à moins d'une
JND l'une de l'autre. Une propriété de cette notion de
discrimination imparfaite est qu'elle induit une relation
non-transitive : il se peut que *a* soit indiscriminable de *b*
en ce sens relatif, et de même que *b* soit indiscriminable
de *c* en ce sens relatif, mais que *a* soit discriminable de *c*
(que le pourcentage de mes réponses correctes dépasse
cette fois 75 %).

Pour toute dimension perceptive qui varie de façon
suffisamment fine, nos capacités de discrimination sont
imparfaites en ce sens. Cela signifie que notre perception,
en deçà de certains seuils, ne donne pas une réponse
univoque à la présentation d'un stimulus, mais donne
des réponses multiples et conflictuelles. Nous retrouvons
là la signature russellienne du vague, ici le fait pour un
même stimulus donné d'être représenté de façon variable
dans un choix forcé entre deux réponses distinctes.
Comme le remarque Luce, un continuum sensoriel se
prête ainsi aisément à la définition de séries soritiques, à
savoir de séries dont nous ne pouvons pas discriminer de
façon fiable les termes voisins, bien que nous puissions
en discriminer des termes plus distants (l'exemple pris
par Luce est celui d'une longue chaîne de tasses de café
plus ou moins sucrées).

---

1. *Cf.* R. D. Luce, « Semiorders and a theory of utility
discrimination », *Econometrica*, 24 (2), 1956, p. 178-191.

Pour Williamson (voir le Texte 2, *infra*), l'imperfection de nos capacités de discrimination constitue la source par excellence du vague. La conséquence en est pour Williamson qu'on peut soutenir une théorie purement épistémique de l'origine du vague. Un terme vague peut fort bien, d'après cette théorie, être un terme dont nous manquons de localiser la frontière, précisément en vertu de notre imperfection à discriminer de façon fiable.

Sans anticiper sur la discussion du texte de Williamson, mentionnons ici deux points importants sur la place accordée à la notion de discrimination imparfaite comme source du vague plus généralement. Premièrement, le fait de reconnaître dans la notion de discrimination imparfaite une source de vague n'implique pas d'adhérer à la théorie épistémique. De fait, plusieurs théories récentes fondent la sémantique des prédicats vagues sur la notion de *semi-ordre* définie par Luce pour rendre compte de la discrimination imparfaite[1], sans être tenues à la métaphysique défendue par Williamson. Deuxièmement, une théorie du jugement vague peut tout à fait combiner un module d'indétermination sémantique avec un module de discrimination imparfaite[2]. Si le vague est un phénomène aux sources multiples, il est même requis de la meilleure théorie du vague d'articuler les phénomènes l'un à l'autre, plutôt que de les opposer.

---

1. Voir R. van Rooij, « Vagueness in Linguistics » *in* G. Ronzitti (ed.), *Vagueness : A Guide*, New York, Springer, 2011, p. 123–170 ; P. Cobreros, P. Égré, D. Ripley, R. van Rooij, « Tolerant, Classical, Strict », *The Journal of Philosophical Logic* 41 (2), 2012, p. 347-385 ; H. Burnett, *Gradability in Natural Language : Logical and Grammatical Foundations*, Oxford, Oxford University Press, 2016.

2. Voir P. Égré, « Vague Judgment : A Probabilistic Account » *Synthese* 194 (10), 2017, p. 3837–3865.

CONCLUSION

Nous avons distingué différentes variétés et sources du vague. De façon générale, le vague peut être décrit comme un phénomène de multiplicité des frontières admissibles d'un terme, provenant à la fois de l'indétermination de nos catégories sémantiques, mais aussi de l'imperfection de nos facultés de discrimination. Tout en élucidant la nature du vague et ses sources, nous avons à peine effleuré la question de la résolution des paradoxes sorites. L'objet des deux extraits qui suivent sera de combler cette lacune et aussi d'approfondir deux des approches mentionnées précédemment, une version de la théorie sémantique d'une part (Borel), et une version de la théorie épistémique de l'autre (Williamson).

TEXTES ET COMMENTAIRES

TEXTE 1

ÉMILE BOREL

Le sophisme du tas de blé et les vérités statistiques [1]

Il se présente dans bien des questions économiques un paradoxe que l'on peut rattacher à ce que l'on appelle dans les cours de logique le « sophisme du tas de blé ». Parmi les sophismes que nous ont légués les Grecs, nul plus que ce « sophisme du tas de blé » n'a mérité de traverser les siècles ; ce n'est point en effet un pur jeu d'esprit, mais bien un exemple topique d'une difficulté fréquente, tant dans la vie pratique que dans la spéculation pure.

Un grain de blé ne constitue pas *un tas* ; ni deux grains ; ni trois grains ; … d'autre part, si un million de grains sont réunis, on s'accordera pour dire qu'ils forment un tas. Quelle est la limite exacte ? Devra-t-on dire que 2342 grains, par exemple, ne forment pas un tas, tandis que 2343 grains en forment un ? C'est manifestement ridicule. On ne voit aucun moyen logique de sortir de l'impasse ; il n'est donc pas possible de savoir ce que c'est qu'un tas de blé.

On peut varier de bien des manières l'énoncé du sophisme ; une classification de ces énoncés ne sera pas inutile.

---

1. É. Borel, « Un paradoxe économique : Le sophisme du tas de blé et les vérités statistiques », *Revue du Mois*, 4, 1907, p. 688–699.

Une première catégorie est toute semblable au sophisme primitif : à quel moment de sa vie un enfant doit-il être qualifié d'homme ? Quelle est la limite qui sépare une masure d'une maison, une maison d'un palais ? À quel instant une série de teintes savamment dégradées passe-t-elle du gris au blanc, ou du vert au bleu ? Une attitude possible vis-à-vis de ces questions consiste à les déclarer complètement dénuées d'intérêt, vu qu'il s'agit seulement d'une définition de mots, qu'on a le droit de regarder comme purement arbitraire. Nous dirons pour quelles raisons cette attitude ne nous paraît pas satisfaisante, mais il faut reconnaître que, si c'était là toute la portée du sophisme du tas, il ne mériterait peut-être pas une étude approfondie.

Une deuxième catégorie de questions paraîtra sans doute plus importante. Je veux parler des cas où la distinction à établir n'est pas une simple distinction verbale, mais entraîne des conséquences pratiques. Les administrations résolvent en général la question par une décision arbitraire, mais simple. Tel était le minimum de taille nécessaire pour servir dans l'armée, supprimé depuis peu ; tel est encore l'âge de trois ans au-dessous duquel les enfants voyagent gratuitement dans nos chemins de fer. Mais lorsqu'on a à prendre une décision personnelle pour laquelle on n'a pas prévu de règles administratives, on se trouve quelquefois en face de difficultés de ce genre ; on veut louer une chambre à coucher et l'on attache une importance particulière à ce que le cube d'air soit suffisant ; on est bien décidé à accepter une chambre de 100 mètres cubes et à refuser une chambre de 10 mètres cubes ; quelle est la limite précise que l'on fixera ? Et quelle que soit cette limite, qui ne consentira à l'abaisser d'une fraction de mètre cube si les autres conditions sont avantageuses et agréables ?

Enfin, dans une troisième catégorie, nous rangerons des questions qui sont objectivement analogues aux précédentes, mais qui en diffèrent subjectivement en ce que, au lieu d'avoir à prendre une décision personnelle au sujet du sophisme, nous devons prévoir les décisions que prendront un grand nombre de personnes, décisions dont l'ensemble a pour nous une grande importance. C'est le cas de tout commerçant fixant des prix de vente, de toute entreprise de transport modifiant ses tarifs, etc. La même difficulté se présente dans bien des questions de fiscalité, compliquée par la discontinuité monétaire ; on augmente de un franc par hectolitre les droits d'octroi sur la bière ou le vin ; le prix du litre se trouve donc augmenté de *un centime* et le prix du quart de litre de *un quart de centime*. Le prix de vente au détail, prix qui ne peut varier que par multiples de cinq centimes, sera-t-il modifié ? C'est en étudiant cette troisième catégorie que nous éluciderons le paradoxe économique dont nous voulons parler, et dont l'énoncé ressort déjà clairement des exemples que nous venons de donner.

Il serait facile de multiplier les exemples ; le lecteur en imaginera sans peine un très grand nombre ; mais ceux qui précèdent suffisent sans doute pour mettre en évidence la variété et l'importance des questions qui se rattachent au sophisme du tas de blé ; je voudrais essayer de montrer que l'on peut donner à toutes ces questions une réponse parfaitement claire, si l'on y fait systématiquement usage des principes du calcul des probabilités. Ce sont en effet des questions mal posées, si l'on exige une réponse par oui ou par non ; la vraie réponse est un coefficient de probabilité.

Reprenons d'abord les questions les plus simples, où la difficulté paraît être purement verbale. Elle le serait, en effet, s'il s'agissait de créer une langue artificielle. On pourrait évidemment décider que, dans un certain volapük, les mots « tas de blé » désignent la réunion de 1000 grains, mais ne s'appliquent pas à la réunion de 999 grains. Une telle décision serait arbitraire, mais légitime pour qui admet la légitimité de la création d'un volapük [1].

Mais il ne s'agit point de la langue volapük ; c'est dans la langue française qu'il s'agit de préciser le sens des mots « tas de blé », et le français n'est pas une langue arbitraire, dont nous puissions disposer à notre gré. C'est une langue qui nous est donnée comme un fait. Il est d'ailleurs possible de discuter sur la nature précise de ce fait ; les uns regardent le français comme défini par les « bons » écrivains, les autres par la conversation des gens « cultivés » ; d'autres enfin prendront un critérium plus démocratique. Mais, quelle que soit la définition adoptée, à moins qu'on ne se réfère à un dictionnaire parfait (ce qui ne serait possible que s'il existait un tel dictionnaire), on est obligé, pour définir le sens précis d'un mot, de faire appel à de nombreux témoignages. C'est d'ailleurs par de nombreux exemples que les meilleurs dictionnaires tâchent de fixer le sens des mots : c'est la seule chance d'échapper au cercle vicieux fondamental qui consiste à définir des mots par des mots.

---

1. J'ai à peine besoin de dire que je ne prétends pas résoudre en passant la question si discutée de la création possible d'une langue artificielle viable. Il me paraît simplement évident que, du jour où une telle langue serait viable, elle aurait précisément, au point de vue qui nous intéresse ici, les caractères d'une langue naturelle.

S'il s'agit donc de définir un terme usuel, tel que celui de maison ou de masure, on sera sans doute d'accord pour accepter les témoignages d'un certain nombre de Français, sinon de tous. À ce point de vue, la solution du sophisme est facile. Qu'on imagine mille parisiens défilant devant un immeuble à sept étages de l'avenue de l'Opéra ; ils seront tous d'accord pour le qualifier de maison, tandis qu'ils refuseront tous ce titre à une construction de pierre pouvant abriter deux lapins et trois poules. Qu'il s'agisse maintenant d'un édifice intermédiaire, les avis pourront être partagés ; si 748 opinants sur 1000 dénomment l'édifice maison, il sera raisonnable de convenir de dire que la probabilité pour qu'il soit une maison est 0,748, la probabilité contraire étant 0,252. Cette manière de s'exprimer paraîtra singulière à bien des gens : à la réflexion, on se convaincra que c'est la seule réponse raisonnable à faire à l'argument de Zénon.

Il est d'ailleurs clair que si, au lieu de consulter 1000 Parisiens, on avait consulté 1000 habitants d'une petite ville, puis 1000 paysans, la proportion des réponses eût été différente ; il est nécessaire de faire une convention précise pour que la définition que nous avons donnée ne prête pas à ambiguïté ; mais ces difficultés d'application n'ont rien à voir avec le principe de la théorie ; elles sont relatives à l'indétermination forcée des définitions verbales ; aussi avons-nous hâte d'arriver à des questions d'un intérêt plus réel, nous contentant d'avoir attiré l'attention sur ce fait que, dans les questions de langage comme dans beaucoup d'autres, *il n'y a que des vérités statistiques*.

COMMENTAIRE

ARRIÈRE-PLAN : BOREL ET LES PROBABILITÉS

L'extrait qui précède est issu d'un bref article qu'Émile Borel fit paraître en 1907 dans *la Revue du Mois,* une revue interdisciplinaire et généraliste fondée avec son épouse Camille Marbo en 1906. Borel est à l'époque l'un des mathématiciens les plus éminents de sa génération, dont les travaux en analyse et sur la théorie des fonctions font autorité. Borel a soutenu en 1893 une thèse de doctorat sur ce thème, devant un jury dans lequel siège notamment Henri Poincaré, avec lequel Borel partage à la fois, outre les dons mathématiques, l'éclectisme et le goût pour les questions philosophiques.

L'article que consacre Borel à l'analyse du paradoxe sorite est emblématique du souci didactique de celui-ci, consistant à faire connaître l'utilité du calcul des probabilités en en montrant certaines applications courantes. Étrangement, l'article passera quasi inaperçu des philosophes et mathématiciens qui se sont intéressés au thème du vague pendant un siècle. Pourtant, Borel esquisse dans cet article plusieurs idées directrices concernant la représentation du vague qui seront plusieurs fois réinventées après lui sous d'autres formes.

La première est qu'un traitement purement binaire des prédicats vagues est inadéquat, et qu'il faut traiter les prédicats vagues à l'aide de valeurs numériques intermédiaires entre le faux (0) et le vrai (1). Cette idée sera reprise de façon indépendante dans le domaine de la logique dite *floue*, où elle connaîtra une fortune considérable[1].

La seconde est l'idée plus spécifique que le traitement du paradoxe sorite appelle un traitement de nature statistique et probabiliste. Si la logique floue à ses origines s'inspire en partie de cette même idée[2], l'essentiel des recherches dans ce domaine s'éloigne en réalité de la modélisation probabiliste du vague. Un domaine dans lequel le traitement statistique du vague est apparu naturel d'emblée est plutôt celui de la psychologie des concepts[3], et celui de la psychophysique[4]. Dans les domaines de la philosophie et de la sémantique, ce n'est que beaucoup plus récemment, à partir des années 2000,

1. Voir J. Goguen, « The Logic of Inexact Concepts », *Synthese*, 19 (3), 1969, p. 325-373 ; L. A. Zadeh, « Fuzzy Logic and Approximate Reasoning », *Synthese*, 30 (3), 1975, p. 407–428 ; N. Smith, *Vagueness and degrees of truth*, Oxford, Oxford University Press, 2008.

2. Voir notamment M. Black, « Vagueness : An Exercise in Logical Analysis », art. cit., dont les travaux sont cités par J. Goguen.

3. Voir E. Rosch & C. Mervis, « Family Resemblances : Studies in the Internal Structure of Categories », art. cit. ; D. Smith, D. Medin, *Categories and Concepts*, Cambridge (MA), Harvard University Press, 1981 ; J. A. Hampton, « Typicality, Graded Membership and Vagueness », *Cognitive Science*, 31, 2007, p. 355-384. ; S. Verheyen, J. A. Hampton, G. Storms, « A Probabilistic Threshold Model : Analyzing Semantic Categorization Data with the Rasch Model », *Acta Psychologica*, 135, 2010, p. 216-225.

4. Voir R. D. Luce, « Semiorders and a Theory of Utility Discrimination », art. cit., et *Individual Choice Behavior* (1959), Dover Publications, 2005, dont les préoccupations ne sont pas sans lien avec celles de Borel.

que l'idée de traiter le vague de façon probabiliste a pris son essor [1].

Outre ces deux idées directrices, qui font de Borel un précurseur dans sa conception du vague et du paradoxe sorite, il convient d'ajouter une troisième idée qui distingue Borel à proprement parler. C'est celle selon laquelle les manifestations du paradoxe sorite ne se situent pas seulement dans le domaine de nos représentations lexicales, mais touchent aussi à celui de nos décisions individuelles ou collectives. Le fait même que Borel présente le sorite comme un « paradoxe économique » a valeur de manifeste. Borel entend mettre en avant une manifestation inattendue du sorite, qui ne relève pas de la théorie de la signification linguistique, mais plutôt de la théorie de la décision au sens large. Cet aspect du traitement du vague n'est pas surprenant venant d'un mathématicien comme Borel, lequel est aussi considéré aujourd'hui comme l'un des pionniers de la théorie des jeux [2]. Il est toutefois plus surprenant lorsqu'on s'est habitué à voir le paradoxe sorite comme un paradoxe *logique*, touchant de façon plus étroite à la nature du raisonnement linguistique.

---

1. Voir notamment P. Égré, « Perceptual ambiguity and the Sorites », *in* R. Nouwen *et al.* (eds.), *Vagueness in Communication*, *op. cit.*, p. 64–90 ; D. Lassiter, « Vagueness as probabilistic linguistic knowledge » *in* R. Nouwen *et al.* (eds.), *Vagueness in Communication*, p. 127–150 ; D. Lassiter, N. D. Goodman, « Adjectival Vagueness in a Bayesian Model of Interpretation », *Synthese*, 2015, p. 1-36 ; et P. Égré, A. Barberousse, « Borel on the Heap », *Erkenntnis*, 79, 2014, p. 1043-1079, consacré à la mise en perspective de l'article de Borel.

2. Voir E. Borel, « La théorie du jeu et les équations intégrales à noyau symétrique gauche », *Comptes-rendus hebdomadaires des séances de l'Académie des Sciences* 173, 1921, p. 1304-1308.

NATURE DU VAGUE : QUALITÉ, QUANTITÉ ET GRANULARITÉ

La typologie que propose Borel pour les situations soritiques donne à voir chacun des symptômes communément admis aujourd'hui pour le vague. Dans chaque cas, un sujet confronté à un problème de catégorisation est placé devant la difficulté à tracer une frontière stable et non-arbitraire, et enclin à modifier légèrement la frontière dans les cas mêmes où il aurait résolu de la placer en tel ou tel endroit.

La première originalité du texte est que Borel ne voit pas le vague soritique comme un phénomène de nature fondamentalement linguistique, lié à la difficulté qu'il y aurait à fixer le sens des mots. Borel n'écarte pas la pertinence de ce problème, mais sa typologie indique que, pour lui, le vague lié au sorite est un phénomène qui touche plus généralement à la délimitation de toute catégorie de nature pratique, y compris pour des catégories dont la définition dépend hautement du contexte. C'est le cas du concept « chambre ayant un cube d'air suffisant ». « Suffisant » ici est une catégorie relative aux intérêts pratiques du sujet qui l'utilise. On n'attend pas, intuitivement, que deux sujets distincts formulent les mêmes jugements sur ce qui est « suffisant », au contraire de ce qu'on pourrait éventuellement attendre de leurs jugements sur ce qui doit compter comme « blanc » ou comme « gris ».

Un examen attentif du texte permet par ailleurs d'extraire de la typologie borélienne des cas de sorite une définition plus abstraite de la nature du vague. Une définition parfois proposée est la suivante : *un concept est vague quand il traduit de manière qualitative une différence quantitative*[1]. Bien que juste, cette caractérisation manque de dire ce qu'il faut entendre par la notion de différence qualitative, par opposition à celle de différence quantitative. La troisième catégorie de problèmes que distingue Borel donne cependant un aperçu plus précis de ce lien complexe entre quantité et qualité.

L'exemple choisi par Borel est celui dans lequel une certaine variable, à savoir le prix d'une marchandise au détail, est une fonction d'une autre variable, à savoir le prix de gros de cette marchandise. Ces deux variables varient chacune de façon discontinue selon des échelles qui n'ont pas la même granularité. Dans l'exemple de Borel, les pièces de cinq centimes fixent la plus petite unité monétaire autorisée pour les transactions monétaires, au gros comme au détail. La différence entre le prix de gros et le prix au détail d'une marchandise tient au fait que les transactions entre grossistes s'effectuent sur des volumes beaucoup plus importants que dans le cas de la vente au détail. L'unité de volume au gros est l'hectolitre, alors que l'unité de volume au détail est le quart de litre. Si les unités de volume au gros sont par définition *plus grossières* que les unités de volume au détail, les variations du prix de gros, rapportées à l'unité de volume au détail, sont à l'inverse *plus fines*. La version économique du paradoxe sorite posée par Borel est ainsi la suivante : comment décrire l'impact d'une légère variation du prix de gros du vin au litre, qui peut

1. Voir G. W. F. Hegel, *Science de la logique* (1812), trad. fr. B. Bourgeois, Paris, Vrin, 2014 ; D. DeVault & M. Stone, « Interpreting Vague Utterances in Context », in *Proceedings of the 20th international conference on Computational Linguistics*, Association for Computational Linguistics, 2014, p. 1247.

s'effectuer par fraction de l'unité monétaire la plus petite, sur la variation du prix de détail du vin au litre ?

Tout l'intérêt de cet exemple est qu'il présente une version plus abstraite et en quelque sorte généralisée du problème du vague tel qu'il se présente dans les cas relatifs à la catégorisation lexicale. Considérons la catégorie lexicale « enfant ». Supposons que nous devions décider parmi un ensemble d'individus d'âge différent lesquels sont des enfants et lesquels n'en sont pas. Admettons que le choix soit binaire : un individu est soit dans la catégorie, soit hors de la catégorie. L'échelle des réponses ici est très grossière, relativement aux différences d'âge auxquelles nous sommes susceptibles d'être sensibles. Le problème posé à la catégorisation est celui de la relation entre la variable de jugement, qui est binaire par hypothèse, et la variable d'âge, qui varie sur une échelle plus finement graduée.

Le psychophysicien S. S. Stevens en 1946 a proposé une typologie des échelles de mesure qui distingue certaines échelles dites *nominales* d'échelles dites d'*intervalles*. Les échelles nominales incluent notamment les échelles de mesure binaire (OUI/NON). Toute catégorie linguistique usuelle, qui appelle une décision d'inclure ou d'exclure de la catégorie, correspond à une mesure nominale en ce sens. Une échelle d'intervalle en revanche est comme l'échelle d'âge, de poids ou de température, dans laquelle la notion d'intervalle (différence entre deux valeurs numériques) a une signification physique. Par exemple, la différence entre 17 °C et 16 °C a la même signification physique que la différence entre 4 °C et 3 °C (elle correspond à l'expansion de volumes de mercure égaux, par exemple, sous l'effet de la chaleur). Une échelle d'intervalle est appelée échelle de *ratio* quand la notion de degré 0 a une signification non-arbitraire. Ce n'est pas le cas pour la température mesurée en degrés Celsius, dont le 0 est défini de façon conventionnelle. Pour l'âge en revanche, le 0 sur une échelle d'années est un point de référence non-arbitraire (qui désigne la naissance). Clairement, un individu qui vient de naître est un individu qu'on subsumera sous la catégorie « enfant ». Le 0 constitue donc un point de repère naturel sur la relation entre l'âge et la catégorie. Inversement, un individu âgé de 80 ans ne tombe plus sous cette catégorie. Le problème du vague concerne la relation entre la variable de jugement pour « enfant », qui prend ses valeurs sur une échelle nominale, et la variable d'âge sous-jacente, qui prend ses valeurs sur une échelle d'intervalles. La seconde échelle est plus finement graduée que la première.

Le texte de Borel, en ce sens, donne une caractérisation plus fine du problème du vague comme posant le problème de la mesure d'un même objet le long d'échelles de granularité distinctes. Le texte clarifie notamment l'une des intuitions que nous avons discutées sur l'origine du vague, à savoir que le langage nous offre un répertoire fini de catégories lexicales. Or nous percevons généralement des distinctions plus nombreuses et plus fines (voir ci-dessus la section « Granularité et richesse de l'expérience »). Nous percevons beaucoup plus de deux nuances de couleur dans le spectre qui va du « rouge » au « jaune ». Munis de ces seules catégories, nous devons donc résoudre une partie de la multiplicité de ce que nous percevons sous une mesure plus grossière. Le problème demeure le même si les réponses permises ne sont pas binaires, mais ternaires, ou *n*-aires, dès lors que les différences perçues excèdent le nombre de catégories disponibles. Par exemple, il sera généralement plus aisé de classer un ensemble de nuances allant du rouge au jaune en ayant les trois catégories « rouge », « jaune » et « orange » plutôt que les deux seules catégories « rouge » et « jaune ». Mais dès lors qu'on percevrait des nuances intermédiaires entre le rouge et l'orange, on retrouve le problème du sorite.

Pour cette raison, il apparaît superflu de soutenir que le vague tient à la nature fondamentalement *continue* de la réalité, par opposition au caractère *discret* de nos catégories. Dans l'exemple choisi, on peut supposer que les variations permises du prix de gros au litre sont en nombre discret et fini, de même que les variations du prix au détail. Il suffit, dans ce cas de figure, que la granularité de l'échelle du prix de gros soit plus fine que celle du prix au détail, les deux échelles étant néanmoins discontinues et finies, pour que survienne le problème du sorite.

L'un des enseignements que nous pouvons tirer de l'exemple de Borel est donc le suivant : le problème du sorite peut être décrit de façon abstraite comme celui de la relation entre deux variables dont l'une, dépendante de l'autre, prend ses valeurs sur une échelle dont la granularité est plus grossière que celle de l'autre. Le problème, ainsi posé, a une dimension psychophysique, car il concerne la relation entre catégorisation lexicale et catégorisation perceptive. L'exemple économique de Borel montre qu'il s'illustre dans des domaines plus généraux encore.

L'ANALYSE STATISTIQUE DU SORITE

Le paradoxe sorite pose un dilemme dont nous pouvons ici rappeler les termes. Le paradoxe est fondé sur les deux prémisses suivantes :

($Pn = 0$) 0 grain ne forme pas un tas.
($Pn = 10^6$) 1 000 000 de grains forment un tas.

Le principe dit *du plus petit nombre* en arithmétique implique dans ce cas que :

(C) il existe un nombre minimal n de grains tel que n grains ne forment pas un tas, et $n + 1$ forment un tas.

Le principe du plus petit nombre est équivalent au principe d'induction mathématique en logique classique [1]. Borel y fait allusion lorsqu'il demande s'il faut conclure que 2342 grains ne forment pas un tas, alors que 2343 grains en formeraient un.

Cette conséquence est admise par certains théoriciens du vague, en particulier par les défenseurs de la conception dite épistémique (voir le Texte 2 de Williamson). Borel, comme dans le dialogue rapporté par Galien, rejette cette conséquence comme absurde. Si toutefois Borel rejette la conséquence (C), il est en principe contraint d'accepter sa négation logique, à savoir :

(~C) pour tout nombre n de grains, si n grains ne forment pas un tas, alors $n + 1$ grains n'en forment pas un non plus.

---

1. Voir H. Field, « This Magic Moment : Horwich on the Boundaries of Vague Terms » *in* R. Dietz, S. Moruzzi (eds.), *Cuts and Clouds, op. cit.* p. 200-208 ; P. Égré, « Le raisonnement par récurrence : quel fondement ? », *La Gazette des mathématiciens*, n° 146, Oct. 2015, p. 20-30.

Le principe ($\sim$C) est une version du principe dit de *tolérance*[1]. Il énonce qu'un seul grain de blé ne saurait faire une différence à ce qui compte comme un tas. Mais combiné à (Pn = 0), ($\sim$C) conduit directement au paradoxe soritique, puisqu'il implique qu'aucune collection finie de grains de blé ne constitue un tas. C'est une conséquence au moins aussi absurde que la précédente.

Contraint de choisir entre deux absurdes, Borel propose d'échapper à la logique proprement bivalente de l'argument. C'est le sens de sa remarque d'après laquelle ce sont « des questions mal posées si l'on exige une réponse par oui ou par non ». La remarque de Borel est cependant plus problématique qu'il n'y paraît. Car Borel ne propose pas à proprement parler d'abandonner la logique bivalente, au contraire de ce que préconisera par exemple la logique floue après lui. Borel considère plutôt que nos intuitions sur le paradoxe sorite appellent un regard statistique.

Une manière de présenter son approche est la suivante. Pour tout individu, forcé de décider par oui ou par non d'une suite de collections de grains lesquelles constituent un tas, et lesquelles ne constituent pas un tas, et dont les jugements se conforment à juger (Pn = 0) Vrai et (Pn = 10^6) Vrai aussi, il existera bien une valeur n telle que la collection c_n ne forme pas un tas pour cet individu, et la collection c_{n+1} forme un tas. Face à une série soritique, tout individu forcé de répondre par oui ou par non doit certes se comporter conformément au principe du plus petit nombre. Mais l'intuition de Borel

1. C. Wright, « Language Mastery and the Sorites Paradox », *in* G. Evans, J. McDowell (eds.), *Truth and Meaning*, Oxford, Clarendon Press, 1976, p. 223-47.

est que ce qui importe est la variabilité interindividuelle des réponses dans ce cas. Autrement dit, il faut considérer non pas tant le fait que, pour chaque individu, il doive exister une telle valeur frontière, que le fait que cette valeur frontière diffère généralement d'un individu à l'autre, et s'estompe dès lors qu'on agrège les jugements individuels.

Supposons que chaque individu d'un groupe donné porte le jugement que 0 grain ne forme pas un tas, et qu'un million de grains forment un tas. En prenant la moyenne de ces jugements, on peut attacher à chaque énoncé $(Pn = 0)$ et $(Pn = 10^6)$ un coefficient de probabilité. En supposant l'unanimité des jugements sur les cas polaires, le coefficient pour $(Pn = 0)$ vaut 0, et celui pour $(Pn = 10^6)$ vaut 1. Pour les cas intermédiaires, en revanche, l'unanimité des jugements n'est plus attendue. Comme l'indique Borel par son exemple, on doit s'attendre à ce que les jugements individuels diffèrent progressivement. En règle générale, pour chaque énoncé de type $(Pn = k)$, où k est le nombre de grains fixé, le coefficient de probabilité correspondant à l'énoncé sera tout simplement la proportion des jugements positifs au sein du groupe.

Le sens de l'approche de Borel est de souligner que si, sur le plan individuel, les réponses sont par hypothèse de nature binaire, lorsqu'on agrège ces jugements, les réponses ne sont plus binaires. Lorsque l'on considère la suite des énoncés $(Pn = k)$, pour k allant de 0 à 1 000 000, on observe cette fois une transition graduelle et progressive de ce coefficient de 0 à 1. Par exemple, pour les valeurs $k = 2342$ et $k + 1 = 2343$ que considère Borel pour les besoins de l'argument, les coefficients associés seront des valeurs très voisines. Plus généralement, il n'existera très vraisemblablement aucun couple de valeurs consécutives (k, $k + 1$) telles que les coefficients associés pour ($Pn = k$) et ($Pn = k + 1$) valent (0,1). Borel écrit plus loin à ce sujet :

> La discontinuité qui répugnait à l'esprit disparaît dans la pratique : mais il faut admettre pour cela que, dans les cas douteux, la seule réponse raisonnable est un coefficient de probabilité.

Borel ne dit pas quelle probabilité attacher au principe de tolérance ($\sim$C), cependant. La raison en est que Borel n'indique pas comment combiner les probabilités associées à des jugements simples pour en extraire la probabilité attachée à un jugement composé. Cependant, on peut tenter d'exprimer l'intuition de Borel dans ce cas-là de la manière suivante [1] :

> (Pr$\sim$C) Pour tout k, si la probabilité de juger Vrai ($Pn = k$) vaut α, alors la probabilité de juger Vrai ($Pn = k + 1$) vaut une valeur très voisine de α.

Cette version du principe de tolérance peut cette fois être vraie sans conduire à un paradoxe, contrairement à ($\sim$C). En effet, de proche en proche, les cas voisins dans une série soritique prendront des valeurs intermédiaires, conduisant graduellement de la probabilité 1 à la probabilité 0. Nous voyons donc en quel sens Borel peut échapper au dilemme consistant à accepter ou bien le principe (C) ou bien sa négation ($\sim$C). Car inversement, si (C) est nécessairement vrai relativement aux choix forcés Vrai ou Faux d'un seul individu, la version probabiliste suivante est généralement fausse :

---

1. *Cf.* P. Egré, A. Barberousse « Borel on the Heap », art. cit. ; P. Egré, « Perceptual ambiguity and the Sorites », art. cit., et D. Lassiter, « Vagueness as probabilistic linguistic knowledge », art. cit.

(PrC) Il existe k tel que la probabilité de juger
Vrai (P$n = k$) vaut 1, et la probabilité de juger Vrai
(P$n = k + 1$) vaut 0.

De cette manière, on peut conclure que le
principe (Pr~C) constitue la seule version acceptable du
principe de tolérance aux yeux de Borel. Inversement le
rejet de (PrC) légitime sa remarque d'après laquelle il est
« manifestement ridicule » de penser qu'on *devrait* dire
que k grains forment un tas tandis que $k + 1$ n'en forment
pas un.

LA LOGIQUE FLOUE

Il est temps d'en dire plus sur la logique floue et la
manière dont elle propose de résoudre le paradoxe, afin
de mieux cerner la spécificité de l'approche de Borel.

À la différence de l'approche de Borel, qui ne prétend
pas réviser la logique bivalente, la logique floue constitue
un cadre dans lequel les énoncés peuvent prendre des
valeurs de vérité intermédiaires entre le Vrai (= 1) et le
Faux (= 0). À première vue, l'idée de Borel semble la
même, sauf que Borel parle de coefficient de probabilité,
plutôt que de degré de vérité. La différence entre les deux
approches est-elle purement terminologique ?

Pour y répondre, il importe de mieux cerner la notion
de degré de vérité. Premièrement, tous les logiciens qui
travaillent dans le domaine de la logique floue s'accordent
sur la définition *mathématique* de la notion de degré de
vérité : cela désigne une valeur intermédiaire entre 0
et 1, et un concept est défini comme *flou* si sa fonction
caractéristique est autorisée à prendre de telles valeurs
intermédiaires. Deuxièmement, la logique floue n'est une
logique à proprement parler que dans la mesure où elle
indique comment calculer le degré de vérité d'une phrase

composée à partir du degré de vérité des phrases qui la composent. En outre, on ne peut parler de logique que si la théorie correspondante fournit une définition de la notion de *validité*, à savoir des conditions dans lesquelles un énoncé suit logiquement d'un autre énoncé ou d'un ensemble d'énoncés pris comme prémisses.

De ce point de vue, la logique floue constitue une famille de systèmes plutôt qu'une théorie unifiée. En effet, il existe plusieurs manières de stipuler la manière dont le degré de vérité d'un énoncé composé est calculé à partir du degré de vérité de ses énoncés composants. Et de la même manière, il existe plusieurs définitions possibles de la notion de validité logique en logique floue. Pour fixer les idées, il est cependant utile de donner une idée de l'un des systèmes de logique floue couramment utilisé pour le traitement du paradoxe sorite.

On définit le degré de vérité d'un énoncé conditionnel de la forme « si A alors B », noté $A \rightarrow B$, à partir des degrés de A et de B comme suit (conditionnel dit de Łukasiewicz)[1] :

$$d(A \rightarrow B) = 1 - (d(A) - d(B)) \text{ si } d(A) \text{ est supérieur à } d(B)$$
$$= 1 \text{ sinon.}$$

De la même manière, le degré de vérité de la négation d'un énoncé est défini comme :

$$d(\sim A) = 1 - d(A).$$

La règle pour la négation dit que le degré de vérité d'un énoncé négatif est une fonction de la distance du degré de vérité au degré 1. Pour un énoncé conditionnel, le degré est 1 si le conséquent est au moins aussi vrai que l'antécédent, sinon sa valeur est une fonction de la

---

1. J. Goguen, « The Logic of Inexact Concepts », art. cit. ; T. Williamson, *Vagueness, op. cit.*

distance de la vérité du conséquent relativement à celle
de l'antécédent.

Une manière de définir la validité logique est de
dire qu'un énoncé est une conséquence valide d'autres
énoncés si l'énoncé prend pour valeur 1 quand les
prémisses prennent pour valeur 1, autrement dit, si la
vérité parfaite des prémisses garantit la vérité parfaite de
la conclusion.

Considérons les prédictions d'un tel système pour le
paradoxe sorite. Nous noterons désormais « Pn » l'énoncé
« Une collection de n grains forme un tas ». Comme
Borel, on supposera que $d(P0) = 0$, que $d(P10^6) = 1$.
Pour les cas intermédiaires, il convient de se donner une
règle. En général, il est admis que le degré de vérité d'un
énoncé Pk est une fonction de la distance de k au premier
degré n pour lequel Pn prend la valeur 1. Par exemple, on
suppose que $d(Pk) = k/10^6$. Sous ces hypothèses, on peut
vérifier que $d(Pn \rightarrow Pn + 1) = 1$, autrement dit l'énoncé
« si n grains de blé forment un tas, alors $n + 1$ grains de
blé forment aussi un tas » est logiquement valide, ce
qui correspond à nos intuitions ordinaires. Inversement,
$d(Pn + 1 \rightarrow Pn) = 1-((n + 1-n)/10^6) = 999\,999/1\,000\,000$.
Cela signifie que le degré de vérité du principe de
tolérance vaut presque 1 dans ce cas, mais néanmoins
que le principe de tolérance manque d'être parfaitement
vrai.

L'analyse du sorite en logique floue présente de
réelles similitudes avec celle qu'esquisse Borel dans son
texte. Les deux ont en commun d'associer aux énoncés
de la forme « n grains forment un tas » une valeur
intermédiaire entre 0 et 1. Les deux ont également en
commun de reconnaître que le principe de tolérance ne
saurait constituer un principe parfaitement vrai, mais

néanmoins de lui accorder d'être très proche de constituer un principe valide. En particulier, la logique floue souscrit à ce que Smith appelle le *principe de proximité*[1] :

> (**Proximité**) Si deux objets *a* et *b* sont très proches sous les aspects pertinents pour l'application d'un prédicat *P*, alors les énoncés *Pa* et *Pb* sont très proches quant à leur vérité.

Dans notre exemple, ce principe se traduit par le fait que les énoncés *Pn* et *Pn* + 1 ont des degrés de vérité voisins de 1/1 000 000. Chez Borel, cela se traduit par le fait que les coefficients de probabilité associés à ces énoncés sont également voisins.

Smith, quand il énonce le principe de proximité, a à dessein de contrarier deux aspects contre-intuitifs de la négation du principe de tolérance. Le premier est la notion de *discontinuité* (ce que Smith appelle le problème du saut, *jolt problem*), à savoir le fait que deux objets très semblables le long d'une série soritique reçoivent des verdicts sémantiques divergents. Le second est la notion de *frontière privilégiée*, ce que Smith appelle le problème du lieu de la frontière (*location problem*), à savoir l'idée qu'il existerait une frontière déterminée le long d'une série soritique. Ces deux hypothèses sont explicitement admises par la théorie épistémique (voir le texte de Williamson). L'analyse de Borel s'accorde avec celle de Smith, puisque pour Borel, des locuteurs compétents forcés de tracer une frontière peuvent le faire en des points différents, et par ailleurs parce que leurs jugements, une fois agrégés, ne présentent plus la discontinuité des jugements individuels, mais montrent une transition graduelle du rejet unanime vers l'acceptation unanime.

1. N. Smith, *Vagueness and Degrees of Truth*, op. cit.

Degrés de vérité et probabilités

Nonobstant ces similitudes, la notion de degré de vérité utilisée en logique floue ne coïncide pas en général avec la notion de coefficient de probabilité, et il importe d'apporter des éclaircissements à ce sujet.

Sur le plan philosophique tout d'abord, il existe plusieurs manières de concevoir et de fonder la notion de degré de vérité. Certains reconnaissent pour les degrés de vérité un fondement de nature statistique, mais ce n'est pas la conception dominante[1]. C'est néanmoins le cas pour Black, dont la théorie présente de réelles similitudes avec celle de Borel. C'est aussi le cas pour la conception dite *supervaluationniste* du vague[2], laquelle propose de définir les degrés de vérité sur la base de l'agrégation des jugements binaires prononcés individuellement. En règle générale, cependant, les théoriciens de la logique floue voient les degrés de vérité plutôt comme des « degrés de proximité à la vérité claire »[3]. Cette idée est reflétée dans

1. *Cf.* P. Hájek, *Metamathematics of Fuzzy Logic*, Dordrecht, Kluwer Academic Publishers, 1998, pour une critique de la conception statistique.

2. H. Kamp, « Two Theories about Adjectives » art. cit. ; H. Kamp, B. Partee, « Prototype theory and compositionality », *Cognition*, 57, 1995, p. 129–191.

3. D. Edgington, « Vagueness by Degrees » *in* R. Keefe, P. Smith (eds.), *Vagueness : A Reader*, Cambridge (MA), MIT Press, 1997, p. 294–316. Récemment, Douven et Decock ont proposé une synthèse de ces deux conceptions des degrés de vérité. D'après eux, les degrés de vérité peuvent se définir comme la proportion des manières de tracer la frontière qui incluent un item sous un prédicat relativement à toutes les manières de tracer cette frontière. Ils montrent que cette mesure est fortement corrélée à la proportion des réponses positives au sein d'un groupe de sujets confronté à une tâche de catégorisation binaire (*cf.* I. Douven, S. Wenmackers, Y. Jraissati, L. Decock, « Measuring Graded Membership : The Case of Color », art. cit.).

l'assignation que nous avons faite de degrés de vérité aux énoncés dans l'exemple ci-dessus, en considérant la distance, en nombre de grains, qui sépare une collection de grains qui clairement ne forment pas un tas à une collection de grains qui clairement forment un tas, et en considérant la notion de degré de vérité comme une fonction de cette distance.

Pour les critiques de la notion de degré de vérité, la notion ainsi définie est toutefois superflue, car elle dépend d'une dimension plus fondamentale, qui concerne la mesure physique des propriétés visées par un prédicat. Par exemple, Keefe soutient qu'il y a certes des *degrés de taille*, et par extension que l'on peut parler de *degrés de grandeur*, mais elle considère la notion de *degré de vérité* associé au prédicat « grand » lui-même comme redondante et par là même comme superflue [1].

Smith objecte à Keefe que le fait qu'on puisse associer aux degrés de taille sur une échelle de grandeur des degrés sur une échelle qui concerne la vérité ne signifie pas que la seconde échelle soit redondante. Son argument est que la notion de degré de vérité a un rôle explicatif que n'a pas la seule notion de degré de grandeur. À l'aide des degrés de grandeur, on peut certes rendre compte de la vérité d'un jugement comparatif du type « a est plus grand que b ». On peut aussi éventuellement rendre compte de la vérité ou fausseté de jugements individuels du type « a est grand », si on entend par là : « le degré de grandeur de a est plus élevé qu'un certain degré de grandeur pris comme point de repère » [2]. Mais pour Smith on manquerait de rendre compte de notre attitude face à une série soritique, qui consiste à être plus confiant

1. R. Keefe, *Theories of Vagueness*, *op. cit.*
2. Voir C. Kennedy, « Vagueness and Grammar », art. cit.

dans la vérité de l'énoncé « une personne mesurant 2 m est grande » que dans celle de l'énoncé « une personne mesurant 1,78 m est grande ».

En réponse à l'argument de Smith, on pourrait faire valoir que les degrés de vérité doivent alors se comprendre comme des degrés de confiance, ou encore de croyance, concernant l'applicabilité d'un prédicat. La croyance, à la différence de la vérité, est incontestablement une notion gradable : nous sommes plus ou moins enclins à appliquer le prédicat « grand », et nous sommes d'autant plus enclins à le faire que nous considérons des individus plus grands que d'autres. Le terme de « degré de vérité », dans ce cas, serait un terme malheureux, une expression abusive là où celui de degré de croyance était attendu.

Touchant cette question, il convient de remarquer que la définition donnée par Borel de la notion de coefficient de probabilité pour des prédicats vagues est valable des jugements d'un seul et même individu. Au lieu de considérer la fréquence d'acquiescement à l'application du prédicat au sein d'un groupe d'individu, il suffit de considérer la fréquence d'acquiescement de ce même individu pour des présentations répétées du prédicat. C'est généralement de cette façon, en psychologie expérimentale, que l'on établit la courbe psychométrique des jugements d'un individu. On présente à un même sujet un ensemble de nuances de couleurs dans un ordre aléatoire, et celui-ci doit répondre par D'ACCORD ou PAS D'ACCORD à l'énoncé d'une phrase comme « la teinte est jaune » pour chaque nuance qui lui est présentée. En présentant plusieurs fois les mêmes stimuli au participant, on peut calculer la moyenne de ses réponses positives, et déterminer par là son degré d'acceptation du prédicat « jaune » relativement à l'ensemble des stimuli considérés[1]. La situation est la même que celle que décrit Borel touchant l'application du prédicat « maison », à cette différence près qu'il s'agit alors d'agréger les jugements d'un seul et même individu. Un degré d'acquiescement proche de 0,5 pour un stimulus donné indique que ce stimulus est un cas douteux pour l'individu, puisque la moitié du temps l'individu l'aura catégorisé comme « jaune », et l'autre moitié du temps comme « pas jaune ».

On peut néanmoins avancer deux objections à l'identification de la notion de degré de vérité à celle de degré de croyance, tel que révélé par le degré d'acquiescement à l'énoncé. Une première objection, formulée notamment par S. Schiffer[2], concerne le fait que la logique des degrés de croyance et celle des degrés de vérité n'obéissent pas de façon évidente aux mêmes règles. Schiffer prend l'exemple d'un sujet qui devrait juger de l'applicabilité du prédicat « grand » et de celle du prédicat « gros », relativement à un individu de taille moyenne, et dont la corpulence elle-même serait à peine supérieure à la moyenne. Supposons que mon degré d'acquiescement à « a est grand » soit de 0,5, de même que mon degré d'acquiescement à « a est gros ». Que dire de mon degré d'acquiescement à la conjonction « a est grand et a est gros » ?

Selon Schiffer, si ces propriétés peuvent varier de façon indépendante, et si le degré d'acquiescement est

---

1. Voir par exemple l'étude menée par P. Égré, V. de Gardelle, D. Ripley, « Vagueness and order effects in color categorization », *Journal of Logic, Language and Information*, 22, 2013, p. 391-420.

2. S. Schiffer, *The Things We Mean, op. cit.*

considéré comme exprimant une forme d'incertitude du sujet sur le fait d'appliquer ou de rejeter le prédicat, le degré d'acquiescement à la conjonction devrait dans ce cas être de 0,25, soit le produit des degrés de croyance égaux chacun à 0,5. Mais selon Schiffer mon degré de croyance dans la conjonction devrait demeurer égal à 0,5 quand je juge *a* comme un cas limite de « grand » comme de « gros ». Cette observation, pour Schiffer, va dans le sens d'une distinction des degrés de vérité et des degrés de croyance, car la logique floue assigne en règle générale à la conjonction le minimum des degrés de vérité des conjoints, plutôt que leur produit.

Schiffer distingue sur cette base deux attitudes qu'il considère comme irréductibles l'une à l'autre : l'attitude consistant à « tenir pour *partiellement vrai* », et l'attitude consistant à « *partiellement tenir* pour vrai ». La seconde décrit une incertitude de nature probabiliste, mais la première vise une attitude distincte de l'incertitude sur un état de fait. Lorsque je suis incertain de la vérité d'un énoncé non-vague (par exemple : « la conjecture binaire de Goldbach est vraie ») je peux néanmoins partiellement tenir pour vrai cet énoncé. Mais face à un prédicat comme « grand » ou « gros », Schiffer soutient qu'il n'y a pas d'incertitude à proprement parler, car l'attitude ne consiste pas à penser que le prédicat s'applique ou ne s'applique pas sans que je le sache, mais plutôt à penser qu'il s'applique partiellement.

Examinons ces deux thèses tour à tour. S'agissant de la logique des degrés d'acquiescement, il conviendrait de vérifier si oui ou non, un individu qui aurait une propension à accepter « *x* est grand » la moitié du temps, et à accepter « *x* est gros » l'autre moitié du temps, aurait bien la même propension à accepter « *x* est grand et gros » la moitié du temps (plutôt que le quart du temps). Au surplus, si l'intuition de Schiffer était avérée, on pourrait soutenir que ce n'est pas *ipso facto* un argument contre l'identification des degrés de vérité à une définition de nature statistique des degrés de vérité, mais plutôt un problème plus général concernant la représentation des jugements probabilistes ordinaires (par exemple, la probabilité d'une conjonction n'est pas toujours interprétée comme moindre que la probabilité des conjoints [1]).

Sur le second point, on peut accorder à Schiffer que l'attitude de *tenir pour partiellement vrai* n'est pas toujours synonyme de celle consistant à *partiellement tenir pour vrai*. Mais l'association d'un coefficient de probabilité à un énoncé vague ne signifie pas nécessairement que l'attitude correspondante est celle de « tenir partiellement pour vrai », plutôt que de « tenir pour partiellement vrai ». Le fait même que j'acquiesce à « la teinte est jaune » la moitié du temps est compatible avec un méta-jugement du type : « oui, c'est partiellement vrai, parce que la moitié du temps, je n'hésiterais pas à dire que c'est jaune, et l'autre moitié, j'accepterais aussi que ce n'est pas jaune, mais plutôt orangé ». L'argument de Schiffer n'est donc pas concluant à l'irréductibilité de principe de la notion de degré de vérité à une notion fondée sur la propension à accepter ou à refuser d'appliquer un prédicat.

Une objection plus profonde à la définition fréquentiste de la notion de degré de vérité, fondée sur la

1. Voir A. Tversky, D. Kahneman, « Judgments of and by Representativeness », *in* D. Kahneman, P. Slovic, A. Tversky (eds.), *Judgment under Uncertainty : Heuristics and Biases*, Cambridge, Cambridge University Press, 1982.

proportion d'acquiescement à l'application d'un prédicat, est qu'elle risque de manquer l'intention proprement normative de la notion de degré de vérité. Pour le partisan de la logique floue, les degrés de vérité reflètent la distance de principe à l'application irréprochable de ce prédicat. Or il serait envisageable que le pourcentage d'acquiescement effectif à l'application du prédicat au sein d'un groupe donné, ou encore pour un individu donné, s'éloigne de la norme prescrite par la distance du cas considéré à l'idéal. L'exemple d'un prédicat vague *évaluatif* comme « juste » fournit un exemple de ce type de situation. Considérons l'énoncé « l'esclavage est juste ». En un siècle où l'esclavage eût été considéré comme un statut moralement acceptable, une majorité des personnes interrogées pourraient acquiescer à ce jugement. Mais on aurait raison de dire que l'opinion de la majorité dans ce cas est erronée, et qu'elle n'est pas un bon indicateur du degré de vérité de principe de l'énoncé, fixé normativement à 0.

Le texte de Borel n'envisage ni ne discute cette objection, mais il fournit quelques éléments de réflexion sur la nature du lien entre usage et signification, lorsque Borel souligne que pour définir le sens d'un mot, on est tenu de « faire appel à de nombreux témoignages ». Borel écrit notamment que « si 748 opinants sur 1000 dénomment l'édifice maison, il sera raisonnable de convenir de dire que la probabilité pour qu'il soit une maison est 0,748, la probabilité contraire étant 0,252 ». Borel admet par là-même que l'usage individuel du terme « maison » par un individu est partiellement *constitutif* de la signification collective, dans la mesure où il contribue à la définition même du degré de probabilité associé à l'usage collectif. Mais ce même individu en situation de se faire comprendre ou d'interpréter un mot entendu d'un autre individu cherche aussi à se faire une représentation mentale de la nature de l'édifice appelé « maison » par celui qui utilise le terme. L'interprétation du mot « maison » dépend de la probabilité que l'énoncé « x est une maison » soit utilisé pour désigner diverses caractéristiques de x par un autre locuteur de la population. De ce point de vue, la probabilité dont parle Borel dans cette citation est donc également *indicative* de la représentation qu'un agent devrait se faire de la signification d'un mot relativement à celle des autres locuteurs [1].

S'agissant de l'opinion de la majorité, Borel reconnaît que celle-ci est susceptible de se tromper. Il écrit au paragraphe 108 du *Hasard* :

> Si faisant comparer à de nombreux expérimentateurs les poids de deux objets A et B dont les formes et dimensions sont très différentes, on obtient des réponses dont les trois quarts s'accordent pour attribuer un poids plus élevé à l'objet A, on peut en conclure qu'il y a une raison à cela, mais cette raison n'est peut-être pas que A soit effectivement plus lourd que B.

Cela signifie que la propension majoritaire à appliquer tel ou tel prédicat au sein d'une population pourrait dans certains cas être massivement biaisée, divergeant par là même d'un usage approprié du terme en question. À cet

---

1. Une perspective récente sur ces problèmes d'interprétation est proposée par Lassiter et Goodman (« Adjectival Vagueness in a Bayesian Model of Interpretation », art. cit.), lesquels avancent un modèle bayésien de l'interprétation du lexique, dans lequel le locuteur prend nécessairement en compte les inférences de l'auditeur. On peut se représenter la probabilité qu'un terme comme celui de « maison » désigne tel ou tel objet, en utilisant la règle dite de Bayes, si l'on connaît la probabilité que le terme de « maison » soit employé pour désigner tel ou tel objet, moyennant une représentation de la probabilité qu'un objet ait les caractéristiques en question, et une représentation de la probabilité d'asserter « x est une maison » plus généralement.

égard, le texte de Borel ne tranche pas sur la question de savoir quel usage d'un terme donné est susceptible d'être meilleur que l'autre. On pourrait supposer par exemple que la probabilité d'utiliser un terme vague P au sein d'une population A relativement à tel item *a* soit de 0,2, alors que cette probabilité est de 0,6 au sein d'une autre population B. La question de savoir si l'une de ces deux populations fait un *meilleur* usage du terme que l'autre n'a de sens que si l'on suppose que la signification du terme en question est susceptible d'être indépendante de l'usage.

Dans l'exemple choisi plus haut, le terme vague « juste » a une dimension normative, et on peut admettre que l'usage du terme au sein de la population A soit un meilleur *indicateur* de la signification de principe du mot « juste » qu'il ne l'est au sein de la population B. En revanche, pour d'autres prédicats évaluatifs, comme « cher » ou « intéressant », la propension à utiliser le terme de tel ou tel item pourrait être directement constitutive, plutôt qu'indicative, de la signification du terme, si l'on admet que la signification de ces termes dépend de façon plus fondamentale de la perspective subjective du locuteur. Comme le suggère cette discussion, le problème du statut des degrés de vérité des prédicats vagues touche de très près à la question fondamentale de la théorie de la signification des termes du lexique, qui est de déterminer, pour paraphraser Putnam [1] (1975), dans quelle mesure ces significations sont « dans la tête » des locuteurs plutôt que déterminées par des propriétés objectives et externes à nos représentations.

1. H. Putnam, « The Meaning of "Meaning" », *Philosophical Papers*, vol. 2, Cambridge, Cambridge University Press, 1975, p. 215-271.

TEXTE 2

Timothy Williamson
Le vague et l'ignorance [1]

Nous avons dit peu de choses de notre ignorance dans les cas limites. Bien sûr, on pourrait considérer l'ignorance comme l'état normal : peut-être devrions nous considérer la connaissance comme impossible à moins que certaines circonstances spéciales ne la rendent possible, plutôt que comme possible à moins que certaines circonstances spéciales ne la rendent impossible. Toutefois, il semble que nous puissions faire mieux dans ce cas de figure.

Considérons de nouveau la survenance de la signification sur l'usage, du moins pour une contribution fixe de l'environnement. Pour toute différence de signification, il y a une différence d'usage. La réciproque n'est pas toujours vraie. Il se peut que la signification d'un mot se stabilise par des divisions naturelles, de sorte qu'une petite différence d'usage ne fasse aucune différence de signification. Une augmentation très légère de la propension à appeler « or » du toc ne changerait pas la signification du mot « or ». Mais la signification d'un mot vague ne se stabilise pas selon des divisions naturelles de cette manière. Une modification très légère

1. T. Williamson, « Vagueness and Ignorance », *Proceedings of the Aristotelian Society*, Supplementary Volumes, vol. 66, 1992, p. 145-162. Traduction de la partie VI, p. 159-162.

de nos dispositions à appeler « minces » certaines choses modifierait très légèrement la signification du mot « mince ». Pour la conception épistémique, la frontière pour « mince » est nette mais instable. Supposons que je sois du côté « mince » de la frontière, mais de justesse. Si notre usage de « mince » avait été à peine différent, comme cela aurait pu facilement se produire, j'aurais été du côté « pas mince ». La phrase « Timothy Williamson est mince » est vraie, mais aurait facilement pu être fausse [1]. En outre, une personne qui énonce cette phrase de façon assertive aurait facilement pu le faire à tort, car la décision de l'énoncer n'était pas sensible à tous les changements très légers de l'usage de « mince » qui auraient pu rendre l'énonciation fausse.

L'argument ne se limite pas au langage public. Même les idiolectes sont vagues. Il se peut que vous n'ayez pas de disposition encore arrêtée à accepter ou à rejeter la phrase « Timothy Williamson est mince ». Si vous étiez forcé de choisir entre les deux, votre décision dépendrait de vos circonstances et de votre humeur. Si vous l'acceptiez, cela ne rendrait pas automatiquement vraie la phrase dans votre idiolecte ; si vous la rejetiez, cela ne la rendrait pas automatiquement fausse. Ce que vous signifiez par « mince » ne change pas à chaque changement de vos circonstances et de votre humeur. L'extension du terme dans votre idiolecte dépend de la structure globale de votre usage pour un ensemble varié de circonstances et d'humeurs ; or vous n'avez

---

1. L'argument n'est pas que j'aurais pu facilement ne pas être mince. Dans les situations contrefactuelles pertinentes, mes mensurations sont exactement ce qu'elles sont présentement, mais « mince » signifie quelque chose de légèrement différent de ce que cela signifie présentement.

pas la capacité de rendre chaque partie de votre usage parfaitement sensible à la totalité, car vous n'avez pas la capacité de surplomber cette totalité. Faire abstraction de cette qualité débordante de votre usage, c'est faire abstraction du vague qui le caractérise[1].

Une énonciation de « Timothy Williamson est mince » n'est pas le résultat d'une disposition que cette énonciation aurait à être correcte de façon fiable ; elle est correcte par chance. Ce peut donc difficilement être l'expression d'une connaissance. Par contraposition, une énonciation de « Timothy Williamson est mince » est une expression de connaissance seulement si je suis à une certaine distance de la frontière de « mince », c'est-à-dire, seulement si toute personne dont les mensurations sont très proches des miennes est également mince. Plus généralement, étant donné une manière de mesurer une différence de mensurations, il y aura une constante c petite mais non-nulle telle que :

(!) Si les mensurations de x et de y diffèrent de moins de c et que je sais que x est mince, y est mince.

On peut formuler des principes similaires pour les autres termes vagues. La connaissance vague requiert une marge d'erreur.

Etant donné (!), on ne peut savoir une conjonction de la forme « x est vague et y n'est pas vague » quand les mensurations de x et de y diffèrent de moins de c. Pour savoir la conjonction, on devrait savoir le premier conjoint ; mais alors par (!) le second conjoint serait faux, rendant la conjonction tout entière fausse et par là même non sue. Puisque de telles conjonctions ne

---

1. Ce qui vaut des mots dans votre idiolecte vaut aussi de vos concepts.

peuvent être sues, on pourrait imprudemment supposer qu'elles ne peuvent être vraies. « Mince » pourrait alors sembler régi par un principe de tolérance de la forme : si les mensurations de x et de y diffèrent de moins de c et que x est mince, y est mince. On peut alors construire un paradoxe sorite en considérant une suite d'hommes, le premier très mince, le dernier très gros, chacun ayant des mensurations différant de celles du suivant de moins de c : par des applications répétées du principe de tolérance, puisque le premier homme est mince, le dernier l'est aussi. Fort heureusement, « mince » n'est pas régi par le principe de tolérance ; il est régi par le principe de marge d'erreur (!), lequel n'engendre pas de paradoxe sorite [1].

La plausibilité de (!) ne dépend pas de la conception épistémique du vague. Son fondement est que la vérité fiable est une condition nécessaire (éventuellement non suffisante) de la connaissance, et qu'un jugement vague est vrai de façon fiable seulement s'il est vrai dans les cas suffisamment similaires. Cet argument ne requiert pas que le jugement soit vrai ou faux dans chaque cas. Mais une fois que notre incertitude a été expliquée à l'aide du principe (!), dont la plausibilité est indépendante, cela ne fournit pas de raison de ne pas asserter la bivalence, car la bivalence est entièrement compatible avec (!).

---

1. On pourrait penser que (!) engendre un paradoxe sorite non pas pour « mince » mais pour « su être mince », étant donné qu'on sait (!), qu'on sait que les mensurations de chaque homme de la suite diffèrent de celles du suivant de moins de c, et qu'on sait que l'homme très mince est mince. Cependant, une analyse de l'argument montre qu'il requiert le principe KK d'après lequel on sait qu'on sait dès lors qu'on sait. Mais puisque « su être mince » est lui-même vague, il obéit aussi à un principe de marge d'erreur, qui à son tour implique qu'on peut savoir que x est mince sans être en mesure de savoir qu'on sait que x est mince. Par conséquent le principe KK échoue (…).

COMMENTAIRE

LE VAGUE SÉMANTIQUE

La plupart des théoriciens du vague considèrent le vague comme un phénomène de nature sémantique : une expression vague est une expression dont la signification et l'usage ne sont pas intégralement déterminés. Cette position est reflétée dans le texte de Borel dont nous avons commenté l'extrait, lorsque Borel parle de « l'indétermination forcée des définitions verbales ». On la retrouve au cœur de la théorie dite supervaluationniste du vague [1]. Fine écrit par exemple : « de façon très approximative, le vague est un déficit de signification » [2]. Pour Fine, cela veut dire que la signification des termes du langage est fixée par la définition de cas clairs d'application, et de cas clairs d'exclusion du prédicat, mais la donnée de ces cas ne légifère pas pour tous les cas. Fine écrit ainsi :

> Appelons signification *actuelle* d'un prédicat ce qui aide, pour ainsi dire, à déterminer ses instances positives et négatives. Appelons signification *potentielle* les possibilités de rendre ce prédicat plus précis. L'objet de cette distinction est que la signification d'une expression est le produit à la fois de sa signification actuelle et de sa

1. H. Mehlberg, *The Reach of Science*, Toronto, 1958 ; D. Lewis, « General Semantics », *Synthese* 22 (1), 1970, p. 18-67 ; H. Kamp, « Two Theories about Adjectives », art. cit.

2. K. Fine, « Vagueness, Truth and Logic », art. cit. p. 120.

signification potentielle. Comprendre un langage c'est
comprendre comment on peut le rendre plus précis ;
c'est comprendre, en termes du modèle dynamique qui
précède, les possibilités de son expansion [1].

Dans la conception sémantique, il existe certains
cas pour lesquels il n'y a pas de *fait* à proprement
parler s'agissant de savoir si le prédicat s'applique en
droit aux cas en question. Les règles de notre usage ont
tout simplement manqué de légiférer pour ces cas. Les
règles de notre usage du prédicat « chauve » impliquent,
pour reprendre l'un des exemples donnés par Fine, que
le prédicat s'applique à l'acteur Yul Brynner (connu
pour son crâne impeccablement lisse) et qu'il exclut
le chanteur Mick Jagger (dont l'abondante chevelure
ne fait pas de doute). Mais certains cas intermédiaires
sont des cas pour lesquels le prédicat laisse place à une
indétermination sémantique.

Dans cette approche de la signification des prédicats
vagues, chaque locuteur est susceptible de rendre plus
précise la signification d'un prédicat au gré de son usage.
Tel locuteur face à tel cas douteux est susceptible de tracer
la frontière d'application du prédicat au-delà ou en deçà.
La signification que Fine appelle « potentielle » pour un
prédicat se réalise de façon éventuellement différente
selon les locuteurs, suivant la manière dont chacun rend
plus précise la signification collective, laquelle laisse
initialement place à de l'indétermination sémantique.

Pour cette raison, la théorie supervaluationniste
comporte une affinité avec la notion de logique *partielle*,
dans laquelle les prédicats peuvent être indéfinis pour
certains cas, c'est-à-dire ne produire aucune valeur

---

1. K. Fine, « Vagueness, Truth and Logic », art. cit., p. 131.

de vérité relativement à leur signification actuelle[1]. Soit un individu dont le nombre de cheveux est peu abondant, mais pour lequel on supposerait que les règles collectives de la signification n'imposent ni de dire qu'il est chauve, ni de dire qu'il n'est pas chauve. C'est un cas pour lequel la valeur sémantique prise par le prédicat serait tout simplement lacunaire[2]. En revanche, chaque locuteur compétent est susceptible de décider par son usage de l'attribution d'une valeur de vérité Vrai ou Faux. C'est en ce sens que la signification potentielle du prédicat, une fois réalisée et déployée dans les usages individuels, conduit à donner au prédicat une extension éventuellement entièrement déterminée relativement à chaque locuteur.

VAGUE COMME IGNORANCE

La théorie proposée par Williamson dans l'extrait qui précède prend le contre-pied de la théorie sémantique. Pour Williamson, dont la conception s'inspire pour partie de celle de Sorensen[3], le vague n'est pas un phénomène d'indétermination sémantique, mais réellement un phénomène d'ignorance de frontières déterminées. La théorie de Williamson est appelée *théorie épistémique* du vague pour cette raison : elle considère le vague de nos catégories lexicales non pas comme lié à un déficit

---

1. Voir Kamp et Partee, « Prototype theory and compositionality », art. cit.

2. Voir B. van Fraassen, « Termes singuliers, lacunes de valeurs de vérité et logique libre », *The Journal of Philosophy*, vol. 63, n. 17 (1966), p. 481-495, trad. fr. P. Égré *in* D. Bonnay, M. Cozic (eds), *Philosophie de la logique*, « Textes-clés », Paris, Vrin, 2009, p. 383-405.

3. Voir R. Sorensen, *Blindspots*, Oxford, Clarendon Press, 1988.

sémantique, mais comme lié à un déficit de notre connaissance.

La théorie épistémique va à rebours du sens commun. Il est tentant, pour qui en entend parler pour la première fois, de la balayer d'un revers de main, en la déclarant absurde ou « ridicule », pour reprendre les termes dans lesquels Galien ou Borel évoquent l'hypothèse d'une frontière cachée et inconnaissable d'application du prédicat « tas ». Avant de la déclarer absurde, cependant, il importe de bien en comprendre les motivations. Il ne suffit pas de dire : « mais voyons, il est évident que les prédicats vagues n'ont pas de frontière déterminée ». Après tout, pourquoi les prédicats vagues n'auraient-ils pas de frontières déterminées dont nous serions incertains ou ignorants ?

Pour y répondre, il nous faut considérer au premier chef le rôle architectonique que Williamson accorde à la logique bivalente. Comme l'écrit Williamson[1], les conceptions rivales de la notion de cas limite commettent en général une pétition de principe en supposant qu'un cas est limite précisément si notre incapacité à décider du cas *ne dépend pas de notre ignorance*. Pour Williamson, cependant, le postulat selon lequel les prédicats vagues pourraient être sémantiquement indéterminés pour certains objets aboutit à une contradiction. L'argument de Williamson est en substance le suivant. Supposons qu'un énoncé comme « Timothy Williamson est mince » puisse être indéterminé en valeur de vérité, sous l'hypothèse que TW est un cas douteux d'application du prédicat. Dans ce cas, l'énoncé n'est ni vrai, ni faux. On a donc :

---

1. Dans ce même article, p. 151.

(I) Ce n'est pas le cas que (« TW est mince » est vrai ou « TW n'est pas mince » est vrai).

Par application du principe qu'un énoncé est vrai si et seulement si ce que dit cet énoncé est le cas (schéma dit de Tarski), (I) se ramène à :

(II) Ce n'est pas le cas que (TW est mince ou TW n'est pas mince).

Par l'application d'une loi logique, la loi dite de Morgan, (II) est équivalent à :

(III) TW n'est pas mince et ce n'est pas le cas que TW n'est pas mince.

Mais (III) constitue une claire violation du principe de non-contradiction. Pour Williamson, le rejet du principe de bivalence est donc hautement problématique.

Du point de vue métaphysique, Williamson a d'autres raisons de préférer la logique bivalente à certaines approches non-classiques comme l'approche supervaluationniste, ou encore les approches telles que la logique floue. Son ouvrage *Vagueness* est tout entier consacré à l'examen de ces objections aux logiques non classiques.

Considérons d'abord la logique floue, dont nous avons donné un aperçu dans le chapitre précédent en présentant le texte de Borel. En logique floue, le degré de vérité de la négation d'un énoncé A est égal à 1 moins le degré de A, et le degré de vérité d'une conjonction est couramment égal au minimum des degrés des conjoints. Ces deux règles s'appliquent identiquement à la logique bivalente ordinaire. Toutefois, lorsqu'un énoncé prend la valeur 0,5, pour représenter le fait qu'il est un cas douteux d'application, l'énoncé A & ~A prend aussi la valeur 0,5. Pour Williamson, cette conséquence n'est pas acceptable, car un énoncé du type « cet homme est chauve et il n'est pas chauve » devrait selon lui être rejeté comme une contradiction.

En logique supervaluationniste, on dit qu'un énoncé est *super-vrai* s'il est vrai quelles que soient les manières de rendre plus précis les termes vagues qui y figurent. Dans ce cas, l'énoncé « cet homme est chauve et il n'est pas chauve » est une contradiction, comme en logique classique. En revanche, la notion de validité de la théorie supervaluationniste s'écarte de la notion classique. Un énoncé existentiel comme « il existe un x tel que Px » peut être super-vrai sans qu'aucune de ses instances ne soit super-vraie. Cette situation s'applique au paradoxe sorite. Si un cas clair d'application du prédicat est un cas pour lequel le prédicat est super-vrai, et qu'un cas clair d'exclusion est un cas pour lequel sa négation est super-vraie, alors il doit y avoir deux individus consécutifs dans une série soritique qui les relie, tels que pour au moins une manière de rendre plus précis ce prédicat, le prédicat est vrai du premier et faux du second. Mais cette frontière peut varier selon les manières de rendre plus précis le prédicat. Pour cette raison, l'énoncé « il existe un individu n tel que $P(n)$ et tel que $\sim P(n+1)$ » est un énoncé super-vrai relativement à toute série soritique, mais il n'y aura en général aucun individu k tel que $P(k)$ soit super-vrai, et tel que $\sim P(k+1)$ soit aussi super-vrai.

Cette conséquence est à première vue heureuse, dans la mesure où la négation du principe de tolérance est en effet super-vraie, mais où il ne devrait exister aucun point-frontière privilégié le long d'une série soritique. La situation est la même que dans la conception de Borel examinée au chapitre précédent : pour tout locuteur compétent forcé de répondre par oui ou non, il existe une frontière, mais cela ne signifie pas qu'il existe une frontière identique pour chaque locuteur compétent. Néanmoins, pour Williamson, le fait qu'un énoncé existentiel puisse être vrai (au sens de super-vrai) sans qu'aucune de ses instances ne le soit (au sens de la super-vérité) constitue une entorse à la logique classique. Dans une perspective naturaliste [1], on doit envisager la possibilité que la logique bivalente subisse des révisions si certains phénomènes de nature physique nous font prendre conscience de possibles anomalies du raisonnement classique. Mais Williamson utilise en général l'argument naturaliste *a contrario* : sa défense de la théorie épistémique est fondée justement sur l'idée que, l'ensemble des phénomènes du vague étant considérés, il est globalement préférable de préserver le schème classique, et de traiter les paradoxes sorites et le vague dans un cadre bivalent.

Ce maintien d'une approche bivalente a naturellement pour conséquence que, du point de vue métaphysique, en toute série soritique, il doit exister une valeur frontière. Puisque nous sommes généralement dans l'incapacité de dire quel nombre de grains minimum est requis pour former un tas, ou encore quelle taille minimale est requise pour dire d'un adulte qu'il est grand, la théorie épistémique a la charge d'expliquer la nature de cette ignorance propre au vague.

1. Voir W. V. O. Quine, « What Price Bivalence », *The Journal of Philosophy* 78 (2), 1981, p. 90-95.

SIGNIFICATION ET USAGE

La théorie proposée par Williamson situe l'origine du vague dans la limitation de nos capacités de discrimination. Pour Williamson, si nos capacités de discrimination étaient parfaites, il n'y aurait pas de vague à proprement parler. Les expressions vagues, selon lui, visent des propriétés du monde, et les propriétés en question sont des propriétés aux contours nets. Mais ces contours nets sont en général tels que nous ne sommes pas capables de les fixer, ou encore de les connaître.

Williamson prend l'exemple de la propriété dénotée par le mot « mince » et il souligne que « la frontière pour « mince » est nette, mais instable ». Cette instabilité, pour Williamson, est liée à la nature du lien entre signification et usage linguistique. Williamson utilise la notion de *survenance* pour caractériser ce lien, une notion issue de la philosophie de l'esprit et centrale en métaphysique [1]. Dire que la signification survient sur l'usage, c'est dire qu'il ne saurait y avoir un changement dans la signification du terme sans un changement sous-jacent de l'usage de ce terme. Autrement dit, deux significations distinctes d'un même terme vague ne sauraient se produire sans l'occurrence de deux usages distincts du terme en question. Un exemple permet de l'illustrer. Prenons l'exemple du terme d'espèce naturelle « poisson ». Une manière de concevoir qu'un même terme ait des significations différentes est d'imaginer que le terme subsume certains objets dans un cas et pas dans l'autre. Imaginons que le mot « poisson » puisse subsumer les

1. Voir B. McLaughlin, K. Bennett, « Supervenience », *The Stanford Encyclopedia of Philosophy*, ed. E. N. Zalta, <http://plato.stanford.edu/archives/spr2014/entries/supervenience/>.

baleines selon une signification donnée, mais les exclue selon une autre signification[1]. Cette possibilité n'a de sens que si un locuteur est dans certaines circonstances susceptible de prédiquer le mot d'une baleine, et de le nier dans d'autres, ou encore si différents locuteurs ont ces dispositions différentes.

La relation de survenance n'est pas nécessairement symétrique, cependant. En principe, on peut concevoir que l'usage d'un terme diffère localement sans occasionner de différence globale de signification. L'argument de Williamson à ce sujet est subtil. Il considère en effet que la question de savoir si l'usage d'un terme est vrai ou faux d'un objet n'est pas purement liée à l'usage local de ce terme, mais plutôt à l'usage global du terme. Dans le cas d'un langage partagé, ou dialecte, Williamson semble considérer que la différence de signification d'un terme au sein d'une communauté n'est pas affectée par toute différence dans l'usage individuel. Par exemple, on pourrait imaginer qu'un enfant encore peu compétent utilise le terme « poisson » pour faire référence à des gouttes d'eau sur une vitre. Cet usage idiosyncratique du terme n'aura pas nécessairement d'impact sur la signification globale du terme « poisson », si l'on entend par là sa signification dominante. De la même manière, Williamson semble dire que la décision conjoncturelle d'appliquer ou de nier un terme dans un idiolecte, donc du point de vue d'un seul individu, ne suffit pas à elle seule à décider de la disposition plus générale de l'individu à appliquer ou à nier le terme en d'autres occasions. Toute différence locale de l'usage d'un terme ne produit

---

1. Voir M. Sainsbury, « Fishy business », *Analysis* 74 (1), 2014, p. 3-5.

donc pas nécessairement une différence globale de signification, même si une différence globale implique une différence locale d'usage. Une manière d'expliquer le vague comme un phénomène d'ignorance est donc de supposer que nous n'avons pas la maîtrise du lien de dépendance exact entre la signification globale du terme et ses usages locaux.

On peut noter qu'à ce stade du texte, Williamson ne donne pas d'argument véritable pour soutenir que « ce que vous signifiez par « mince » ne change pas à chaque changement de vos circonstances et de votre humeur ». Il nous persuade que la vérité ou fausseté de l'application d'un terme dépend d'une disposition plus globale, mais cette hypothèse est contestable. Si la notion de vérité d'une phrase dans un idiolecte dépend de plus que des usages locaux, alors on peut se demander si Williamson n'est pas commis à une théorie du genre de celles qu'il rejette, comme la théorie supervaluationniste, selon laquelle la vérité d'un prédicat vague dépend de *toutes* les manières de tracer la frontière. Dans une conception plus localiste du lien entre signification et usage, et plus internaliste que celle de Williamson, on pourrait penser, comme Humpty Dumpty face à Alice, que la signification d'un mot dépend fondamentalement de l'intention du locuteur[1].

À la décharge de Williamson, cette thèse est difficilement soutenable. La décision de catégoriser comme « rouge » ou comme « grand » un stimulus donné dépend assurément d'une représentation plus globale de mes usages passés et des usages des autres locuteurs d'une communauté donnée, et c'est en ce sens

1. Voir L. Carroll, *Alice au pays des merveilles*, quand Humpty Dumpty déclare être « le maître du langage ».

que Williamson peut parler d'une « qualité débordante » de l'usage, relativement à la maîtrise individuelle que chaque locuteur aurait de la signification d'un terme donné.

LE PRINCIPE DE MARGE D'ERREUR

Le nerf de la théorie épistémique proposée par Williamson réside dans l'énoncé d'un principe qui gouverne aussi sa théorie de la connaissance[1], et que Williamson appelle le principe de *marge d'erreur*. Le principe de marge d'erreur est énoncé comme suit dans le cas de l'usage du prédicat « mince » :

> (!) Si les mensurations de x et de y diffèrent de moins de c et si je sais que x est mince, y est mince.

Dans cet énoncé du principe, c indique une valeur telle que ma capacité à discriminer entre x et y ne soit pas fiable. Par exemple, si le paramètre pertinent pour juger de la minceur était le tour de taille, vraisemblablement ma capacité à discriminer entre deux individus x et y dont le tour de taille ne diffère que d'un demi-centimètre est très limitée. Concrètement, cela signifie que si l'on me demande de juger lequel est le plus mince des deux, je ferai des erreurs. Dans le cas le plus typique, mes réponses seront hasardeuses : dans environ la moitié des cas où l'on me demanderait de répondre par oui ou par non à la question de savoir lequel d'entre x et y est le plus mince, je suis susceptible de donner une mauvaise réponse.

---

1. Voir T. Williamson, *Knowledge and its Limits*, Oxford, Oxford University Press, 2000.

Le modèle proposé par Williamson n'est toutefois pas un modèle probabiliste[1]. Williamson suppose que la valeur c est telle que si la distance entre x et y est plus grande que c, alors je peux en principe distinguer x et y parfaitement. Inversement, si la distance de x à y est inférieure à c, alors je suis susceptible de les confondre. Considérons un cas dans lequel x est mince mais est à distance de moins de $c/2$ de la frontière supposée entre les individus minces et les individus non-minces, et où y se situe de l'autre côté de la frontière, parmi les individus non-minces, également à une distance inférieure de $c/2$ de la frontière. Dans le modèle supposé par Williamson, pour savoir qu'un individu x a une propriété P, il faut que tout individu que je discrimine imparfaitement de x ait lui aussi la propriété P. En effet, quand je considère x, si l'information associée à x est P, et celle associée à y est non-P, et si je distingue mal x de y, alors je me trouve dans une situation d'incertitude sur la question de savoir si x a la propriété P ou la propriété non-P. En pareil cas, x semble avoir l'une comme l'autre propriété, et je suis incertain de savoir laquelle précisément.

Pour Williamson, cette situation est typique de celle qui se produit lorsque nous nous approchons trop près de la ligne de partage supposée entre les cas minces et les cas non-minces : nous sommes alors dans une situation d'incertitude pour dire d'un cas donné s'il est mince ou pas. À l'inverse, si je considère un cas x qui se situe suffisamment loin de la frontière entre « mince » et sa

---

1. Voir P. Mott, « Margins for error and the sorites paradox », *The Philosophical Quarterly* 48 (193), 1998, p. 494-504. Mott reproche justement à Williamson de ne pas traiter la notion de marge d'erreur de façon probabiliste, à la manière dont sont traités les intervalles de confiance en statistique inférentielle.

négation, alors tout cas que je discrimine imparfaitement de x se situe lui aussi du côté « mince », donc mon jugement que x est mince est fiable : je ne cours pas le risque de confondre un individu mince avec un individu qui ne l'est pas.

QUATRE CONSÉQUENCES DU PRINCIPE DE MARGE D'ERREUR

Le principe de marge d'erreur est présenté par Williamson comme ayant quatre conséquences importantes. Premièrement, il explique l'existence de cas douteux d'un prédicat vague. Deuxièmement, il fait de notre ignorance de la frontière des prédicats vagues le long d'une série soritique une ignorance nécessaire. Troisièmement, sa proximité avec le principe de tolérance explique que l'on puisse les confondre. Enfin, le principe de marge d'erreur explique aussi notre absence de maîtrise intégrale des conditions de vérité des prédicats vagues.

1. *Les cas douteux*. L'existence de cas douteux suit presqu'immédiatement du principe de marge d'erreur. Comme expliqué précédemment, deux items très semblables par leurs mensurations, mais situés de part et d'autre de la frontière pour « mince » sont des cas qui par définition donnent lieu à de l'incertitude, puisqu'ils émettent des signaux contradictoires de l'application ou de l'exclusion d'une propriété. Cette conséquence est importante dans la mesure où elle justifie que l'on puisse parler des cas limites (*borderline cases* en anglais) comme de cas *douteux* (suivant l'expression utilisée par Borel), précisément en vertu du fait que ces cas donnent lieu à une incertitude quant à la manière adéquate de les catégoriser.

2. *L'ignorance de la frontière.* En deuxième lieu, Williamson dérive l'idée que notre ignorance de la localisation exacte de la frontière est une ignorance *nécessaire* dans les cas vagues, de la façon suivante. Pour savoir que la frontière d'application de « mince » se situe réellement entre x et y, de deux objets x et y distants de moins de la marge d'erreur c au sein d'une série soritique, il me faudrait savoir que x est mince, et que y n'est pas mince. Mais par application du principe de marge d'erreur, savoir que x est mince implique que y soit mince. Si par hypothèse je sais que y n'est pas mince, alors par application cette fois du principe de factivité de la connaissance, il faut que y ne soit pas mince. Il faudrait donc que y soit mince et que y ne soit pas mince, ce qui constitue une contradiction. Nous pouvons donc au mieux, dans ce modèle, situer la frontière dans un certain intervalle, mais nous ne pouvons pas localiser précisément la frontière au sein de cet intervalle.

3. *Le principe de tolérance.* Troisièmement, le principe de marge d'erreur, par sa proximité avec le principe de tolérance, explique que nous puissions méprendre l'un pour l'autre, et donner foi de façon incorrecte au principe de tolérance. Considérons de nouveau l'énoncé de chaque principe. Le principe de tolérance est l'énoncé suivant :

> (T) Si x est P et que les mesures pertinentes de x et de y diffèrent de moins de c, alors y est P.

Le principe de marge d'erreur, répété ici sous une forme plus générale, énonce quant à lui :

> (ME) Si je sais que x est P et que les mesures pertinentes de x et de y diffèrent de moins de c, alors y est P.

La différence entre les deux principes se situe dans l'antécédent de chaque énoncé de forme conditionnelle. L'antécédent de (ME) renforce celui de (T), puisque savoir que P implique nécessairement P (par factivité de la connaissance : ce que l'on sait doit être vrai). Mais parce que l'antécédent du principe (ME) est plus fort que celui du principe (T), l'énoncé conditionnel qui en résulte est un principe logiquement plus faible. Cela signifie que le principe (T) implique le principe (ME), mais non réciproquement.

Cet affaiblissement est important, pour Williamson, car le principe de marge d'erreur ne conduit pas directement à un paradoxe, au contraire du principe de tolérance. Williamson fait remarquer en note qu'on peut envisager de construire un paradoxe sorite à partir du prédicat épistémique « savoir que x est P », mais uniquement sous certaines hypothèses plus spécifiques à la connaissance, dont nous laisserons ici de côté la discussion [1].

4. *Signification et usage.* La dernière conséquence notable du principe de marge d'erreur concerne la relation évoquée précédemment entre la signification et l'usage des prédicats vagues. Le principe de marge d'erreur semble concerner uniquement nos capacités de discrimination perceptive relativement à notre usage ponctuel d'un prédicat. Par exemple, mon incapacité à discriminer de façon fiable des nuances de couleurs voisines m'empêche de reconnaître la frontière entre le rouge et l'orange, de même que mon incapacité à

1. Sur les versions épistémiques du paradoxe sorite induites par Williamson, voir notamment P. Égré, D. Bonnay, « Vagueness, uncertainty and degrees of clarity », *Synthese* 174 (1), 2010, p. 47-78.

discriminer entre des tailles très voisines m'empêche de localiser précisément la limite d'application du prédicat « mince ».

Williamson généralise cependant la notion de marge d'erreur à ce qui concerne les changements d'usage d'un prédicat relativement à l'usage collectif[1]. Son idée est que si l'usage d'un prédicat donné à l'échelle collective se modifiait très légèrement, nous n'aurions pas nécessairement la capacité de discerner ce changement : dans certains cas, une application correcte du prédicat P est correcte par chance, parce que relativement à l'usage collectif la signification du prédicat inclut le cas pertinent, mais sans même que nous ayons la notion de cette dimension chanceuse. Inversement, par conséquent, les cas pour lesquels nous sommes confiants dans l'usage d'un prédicat vague doivent être les cas pour lesquels l'usage est stable au plan collectif. Ces cas correspondent aux cas clairs d'application comme d'exclusion du prédicat.

Cet argument est plus difficile à expliciter entièrement, en grande partie parce que la notion d'usage collectif d'un prédicat n'est pas définie par Williamson. Williamson ne cherche pas à esquisser un modèle de la dynamique des usages individuels relativement les uns aux autres, ni de la relation entre usages individuels et signification collective. Toutefois, son approche se situe clairement dans le camp de l'*externalisme* sémantique. Dans la perspective externaliste, l'usage individuel d'un prédicat n'implique pas la maîtrise individuelle des

---

1. Voir P. Mott, « Margins for error and the sorites paradox », art. cit., qui parle de marge d'erreur *conceptuelle* par opposition à la notion de marge d'erreur *perceptive* à propos de l'application qu'en fait Williamson à la théorie de la signification.

conditions de vérité et de fausseté de ce prédicat. Nous pouvons faire des erreurs relativement à l'usage que préconiseraient les experts d'un concept. Mais l'usage des experts, du moins dans la vision de Putnam, est censé se calquer sur les propriétés objectives qu'ils décrivent et dont ils cherchent la caractérisation.

Au total, la théorie épistémique de Williamson a donc une dimension explicative dont on ne saurait négliger l'ambition ni la force. Le principe de marge d'erreur permet de préserver l'idée que les prédicats vagues, malgré les apparences contraires, ont des frontières d'application précises, tout en expliquant notre ignorance de ces frontières, et même notre illusion à croire qu'il n'existe pas de telles frontières.

OBJECTIONS À LA THÉORIE ÉPISTÉMIQUE

Muni des principes de la théorie épistémique du vague, il nous revient d'en examiner le bien-fondé, en considérant trois objections principales qui lui ont été faites, touchant l'existence d'un lien plus profond entre vague et subjectivité, touchant le statut privilégié de la notion de bivalence, et enfin la notion même de frontière invisible.

Subjectivité et désaccord sans faute

L'une des premières objections formulées à l'encontre de la théorie épistémique du vague a été avancée par C. Wright dans un compte-rendu détaillé de la théorie épistémique et de ses postulats [1]. L'objection de Wright concerne la caractérisation donnée par la théorie

---

1. C. Wright, « The Epistemic Conception of Vagueness », *in* T. Horgan (ed.), *Vagueness, Spindel Conférence* 1994, vol. XXXIII, Supplement of the *Southern Journal of Philosophy*, 1995.

épistémique des cas limites. Admettons que Williamson soit un cas limite d'application du prédicat « mince ». Dans la conception épistémiciste, deux locuteurs qui diraient l'un « TW est mince », l'autre « TW n'est pas mince » ne sauraient avoir raison tous les deux. Parce que TW doit se situer d'un côté ou de l'autre de la frontière supposée pour « mince », l'une des deux assertions est nécessairement vraie, et l'autre fausse.

La conception sémantique du vague est compatible avec une tout autre approche de la notion de désaccord entre locuteurs compétents. Wright écrit à propos de la notion de désaccord concernant les cas limites d'application d'un prédicat vague la chose suivante :

> le phénomène de désaccord permis au niveau des marges relève de l'essence même du vague (…) nous devrions tourner la suggestion de cette manière : le phénomène de base du vague consiste dans la possibilité d'un conflit engendré sans faute – cognitivement impeccable [1].

Wright précise à ce sujet :

> Si Jones se situe à la limite de la calvitie, cela autorise, bien sûr, à ce que chacun nous jugions que c'est un cas limite, mais cela autorise aussi – du moins dans un très grand nombre de cas – à ce que vous le regardiez comme chauve et que je le regarde comme pas chauve [2].

La théorie sémantique du vague autorise par hypothèse le désaccord sans faute dans la mesure même où elle traite les cas limites comme des cas sémantiquement *ouverts*, que chaque locuteur peut reconnaître comme tel, et spécifier à sa guise. Cette dernière remarque est importante pour

---

1. *Ibid.*, p. 145.
2. *Ibid.*, p. 138

l'interprétation de la théorie supervaluationniste. Dans l'interprétation la plus courante du supervaluationnisme, les cas limites d'application d'un prédicat vague sont sémantiquement indéterminés en valeur de vérité, et c'est de façon secondaire que chaque locuteur les détermine. Une autre interprétation, que Smith[1] appelle « plurivaluationniste », traite les prédicats vagues comme entièrement déterminés relativement à chaque locuteur, mais voit l'indétermination sémantique comme un phénomène émergeant de la variabilité inter-individuelle (les cas indéterminés sont ceux pour lesquels les verdicts bivalents divergent). Cette interprétation permet en principe, comme dans la théorie esquissée par Borel, de soutenir que relativement à chaque locuteur, la logique du vague est bivalente, mais qu'elle cesse éventuellement de l'être quand on tente de représenter la signification collective des prédicats vagues.

L'idée selon laquelle l'essence du vague réside dans le désaccord sans faute aboutit à des recommandations très différentes de celles formulées par Williamson concernant l'assertion dans les cas limites. Pour Williamson, la norme de l'assertion est la connaissance[2], et devant un cas douteux d'application du prédicat « mince », il convient de se taire ou de s'abstenir de dire « x est mince » comme « x n'est pas mince ». Dans la conception sémantique, à l'inverse, les deux assertions sont permises, et chaque locuteur compétent est même censé reconnaître que les deux assertions sont permises.

L'enjeu de ce débat entre théorie sémantique et théorie épistémique n'est pas mince. Considérons des

---

1. N. Smith, *Vagueness and Degrees of Truth*, op. cit.
2. Voir son ouvrage *Knowledge and its Limits*, déjà cité.

cas litigieux d'application d'un prédicat vague comme le prédicat « fœtus », dont la définition légale pose problème. Pour un partisan de la conception sémantique du vague, il existe une région d'indétermination et de désaccord permis. Pour le partisan de la théorie épistémique, il existe en principe une frontière, et donc une réponse objective à la question de savoir si *x* est un fœtus ou pas[1]. La théorie épistémique est donc commise à un réalisme sémantique. À l'inverse, la théorie sémantique accepte que le verdict d'un sujet puisse être constitutif du fait sémantique. Comme on le voit, les deux théories reposent sur deux métaphysiques fondamentalement différentes l'une de l'autre. La théorie sémantique reconnaît dans une certaine mesure à la subjectivité un rôle constitutif des contours même de la notion de propriété vague.

Contradictions pénombrales et bivalence

Le premier argument avancé par Williamson en faveur de la théorie épistémique concerne l'attachement à la logique bivalente. Admettre de l'indétermination sémantique, ou encore des lacunes de valeurs de vérité, aboutirait pour lui à violer le principe de non-contradiction. Plusieurs réponses ont été faites à l'argument de Williamson.

L'une d'entre elles consiste à se demander si Williamson ne commet pas à son tour une pétition de principe en considérant comme une violation du principe de non-contradiction un énoncé de la forme « *x* est mince

---

1. Il ne faut pas en inférer que le partisan de la théorie épistémique serait par conséquent « pro-vie » plutôt que « pro-choix », ni l'inverse. Tout ce que dit le partisan de la théorie épistémique est qu'il existe une frontière, et qu'il faut la prendre en compte dans nos jugements, quels qu'ils soient.

et x n'est pas mince ». Du point de vue logique, il existe en effet certaines logiques non-classiques dans lesquelles certains énoncés de la forme « A et non-A » peuvent être vrais. La plus influente de ces logiques aujourd'hui est assurément la logique paraconsistante LP proposée par G. Priest, qui admet l'existence de « contradictions vraies »[1].

Ripley, dans une étude pionnière[2], a proposé de tester sur une base empirique l'acceptabilité par des locuteurs naïfs (non-logiciens) d'énoncés de ce type, faisant intervenir des prédicats vagues. En particulier, Ripley a comparé l'acceptabilité de différents énoncés du type « le carré est près et le carré n'est pas près du cercle », relativement à un ensemble de paires de figures constituées d'un carré et d'un cercle à différentes distances l'un de l'autre. La prédiction de Ripley était que l'on devrait observer un gradient dans les jugements : des sujets naïfs devraient être enclins à rejeter de telles phrases pour des cas clairs. Par exemple, lorsque le carré touche le cercle, il est faux que « le carré n'est pas près du cercle », et donc la conjonction *a fortiori* devrait être fausse. Pareillement quand le carré est très distant du cercle, puisqu'alors, « le carré est près du cercle » est faux. Pour des cas intermédiaires, cependant, les sujets devraient être hésitants sur chacun des conjoints.

1. Voir G. Priest, « The logic of paradox », *Journal of Philosophical Logic* 8 (1), 1979, p. 219-241 ; D. Ripley, « Sorting out the sorites », *in* Tanaka *et al.* (eds.), *Paraconsistency : Logic and applications*, Berlin, Springer, 2013, p. 329-348.

2. Voir D. Ripley, « Contradictions at the Border », *in* R. Nouwen, H. C. Schmitz, R. van Rooij (eds.), *Vagueness in Communication*, Berlin, Springer, 2011, p. 169-188.

La prédiction de Ripley est confirmée expérimentale-
ment : pour les cas intermédiaires, l'énoncé contradictoire
« le carré est près du cercle et le carré n'est pas près du
cercle » est significativement plus accepté que pour les
cas extrêmes. Une version distincte de la tâche de Ripley
a été proposée à peu près au même moment par Alxatib
et Pelletier, qui se sont intéressés aux jugements « Vrai »
et « Faux » prononcés par des locuteurs naïfs concernant
divers énoncés de la forme « x est grand et pas grand »,
relativement à des hommes de taille variable. Là encore,
Alxatib et Pelletier ont observé que pour un homme de
taille moyenne, environ 50 % des participants jugent
vraie cette description, contre un pourcentage très proche
de 0 relativement à un homme mesurant plus de deux
mètres [1].

Ces résultats méritent l'attention, car une manière
de les interpréter est justement à l'aune de la logique
paraconsistante de Priest. Dans la logique de Priest,
un énoncé peut recevoir trois valeurs de vérité, la
valeur 1 (pour « parfaitement Vrai »), la valeur 0 (pour
« parfaitement Faux ») et la valeur ½ (pour « à la fois
Vrai et Faux »). Un énoncé est considéré comme « Vrai »
tout court si sa valeur est supérieure ou égale à ½ (s'il
est n'est pas parfaitement Faux). Dans cette approche,
un énoncé de la forme « x est grand » ou « x n'est pas
grand » devrait donc recevoir la valeur ½ quand x est
un cas limite d'application du prédicat « grand ». En
acceptant les règles usuelles de la logique, l'énoncé
« x est grand et x n'est pas grand » recevrait alors la

---

1. Voir S. Alxatib, F. Pelletier, « The Psychology of Vagueness :
Borderline Cases and Contradictions », *Mind & Language*, 26 (3),
2011, p. 287-326.

valeur ½, et correspondrait à une *contradiction vraie* (au sens de « non parfaitement fausse »).

Naturellement, le fait que des participants à une expérience acceptent dans une large mesure de juger Vrai un énoncé de la forme « x est P et non-P » ne constitue pas un argument direct en faveur de l'adoption obligée d'une logique paraconsistante. Une autre manière d'interpréter les résultats est de se demander si « x est grand et pas grand » ne signifierait pas en l'espèce « x est grand (en un sens) et x n'est pas grand (en un autre sens) », moyennant un enrichissement pragmatique. Cette hypothèse n'est pas sans fondement, et permettrait de garder une approche bivalente. Mais il faut noter que, même sous cette hypothèse, la possibilité que deux sens ou plus coexistent de façon pragmatique pour l'usage du prédicat « grand », relativement à un même objet, ne constitue pas pour autant un soutien à la théorie épistémique. Rien n'oblige, en principe, à ce qu'un sens doive l'emporter sur l'autre. Selon cette manière de voir, le vague ne consiste pas tant en une « béance » de signification que, de manière symétrique et opposée, en un « trop-plein » de signification[1]. Deux locuteurs compétents pourraient reconnaître la légitimité de chaque sens, ce qui revient à admettre la légitimité de différentes manières de « précisifier » le sens de « grand »[2]. L'argument de

_____

1. Le terme de « trop-plein » est inspiré ici de l'expression « *glut* » qu'utilise Fine (« Vagueness, Truth and Logic », art. cit.) par opposition à « *gap* ».

2. Cette vision correspond à une logique duale du supervaluationnisme, appelée subvaluationnisme, dans laquelle un énoncé est dit sub-vrai s'il existe au moins une interprétation qui le rend vrai. Sur les rapports entre subvaluationnisme et la logique de Priest, voir D. Ripley, « Sorting out the Sorites », art. cit.

Williamson d'après lequel l'acceptation de lacunes de valeurs de vérité aboutirait à violer le principe de contradiction est donc plus faible qu'il n'y paraît. À la rigueur, l'argument impose d'admettre que les mêmes énoncés ni vrais ni faux sont aussi, de façon duale, à la fois vrais et faux, mais cette conséquence n'est pas forcément aussi funeste qu'elle peut sembler à première vue [1].

Frontière invisible vs *région d'indétermination*

Pour les adversaires de la théorie épistémique, le principal point d'achoppement concerne le postulat d'une frontière invisible et inconnaissable pour chaque prédicat vague. Ce postulat peut s'entendre en deux sens. On peut penser qu'il existerait normativement une frontière, identique pour tous les locuteurs. Ou bien on peut affaiblir la thèse, à la façon du supervaluationnisme, et soutenir que pour chaque locuteur, il doit exister une frontière, éventuellement différente d'un locuteur à l'autre.

La théorie défendue par Williamson est équivoque sur le choix entre ces deux interprétations. Lorsque Williamson parle du lien entre signification et usage, il semble avoir en tête qu'il existerait un sens collectif de chaque prédicat vague, dont la frontière serait identique pour tous les locuteurs. Mais comme le souligne Mott à la suite de Wright, « il est certainement extravagant de soutenir qu'un schéma d'usage puisse aucunement déterminer une propriété exacte », c'est-à-dire identique

---

1. Voir notamment la théorie proposée par Cobreros *et al.*, « Tolerant, Classical, Strict », art. cit.

pour tous[1]. Considérons un prédicat vague comme le prédicat « coûteux » pour parler d'un bien. Il semble évident que s'il existe une frontière entre ce qui est coûteux et ce qui ne l'est pas, elle doit varier d'un individu à l'autre, selon son contexte, son niveau de richesse, mais aussi sa représentation de l'utilité du bien en question et de celle de la monnaie. L'interprétation la plus charitable de l'épistémicisme devrait donc être que la frontière est variable d'un individu à l'autre.

Mais on peut se demander plus profondément si la notion de propriété exacte pour un prédicat vague a métaphysiquement un sens. Field doute qu'il soit rationnel de se demander à quelle nanoseconde de son existence on devient « vieux »[2]. Pour Field, ce questionnement revient à postuler comme un « moment magique » de l'existence, une fraction de seconde au cours de laquelle on deviendrait soudain « vieux ». Si ce moment existe, alors il serait rationnel d'espérer ne pas l'avoir franchi, par exemple. Mais si cette attitude est jugée irrationnelle, inversement, alors on peut juger que ce moment critique n'existe pas.

On pourrait objecter à Field qu'il existe des changements soudains ou catastrophiques. Imaginons une personne dont la condition physique se dégrade subitement après avoir appris une affreuse nouvelle, provoquant un vieillissement visible et irrémédiable. Cette personne pourrait elle-même situer au moment où elle a reçu la nouvelle un point d'inflexion dans son existence entre deux états. L'exemple est convaincant,

1. P. Mott, « Margins for Error and the Sorites Paradox », art. cit., p. 497.
2. H. Field, « This Magic Moment : Horwich on the Boundaries of Vague Terms », art. cit.

mais que dire des cas dans lesquels, par hypothèse, le changement est uniforme, comme en une série soritique ?

Une manière de donner raison à Field est de considérer avec lui qu'il existe une *région d'indétermination*, plutôt qu'une coupure invisible entre deux régions parfaitement déterminées. À cette hypothèse, Williamson rétorque qu'il faut alors supposer l'existence d'au moins deux frontières invisibles, de part et d'autre de la région d'indétermination, entre les cas clairs d'application et les cas clairs d'exclusion. Pour Williamson, on relègue alors à l'ordre supérieur le problème du vague de premier ordre qu'on prétendait résoudre.

Certes, mais il ne s'ensuit pas qu'il faille disqualifier la notion de région d'indétermination. Une manière de concevoir cette région peut en effet être comme l'effet d'un empiètement entre propriétés opposées. Par exemple, à un moment de son existence un homme pourrait entrer dans une période au cours de laquelle il est *à la fois vieux* (sous certains aspects) et *pas vieux* (sous d'autres). Selon cette hypothèse, il pourrait à la rigueur exister un dernier moment au cours duquel cet homme n'est vieux sous aucun des aspects pertinents. Mais ce premier moment laisse place à une région de compétition et d'indétermination entre des verdicts opposés qui seraient néanmoins licites chacun – nous ramenant à la conception sémantique du vague[3].

Cette hypothèse ne résout pas le problème du vague de second ordre, à savoir le statut des frontières de cette région d'indétermination. Il existe toutefois plusieurs stratégies pour rendre compte de la notion de frontière

---

3. Voir I. Douven, L. Decock, R. Dietz, P. Égré, « Vagueness : a Conceptual Spaces Approach », art. cit., pour une représentation géométrique de cette notion de région pénombrale pour les concepts vagues.

floue. On pourrait concevoir que les seuils qui bornent la région d'indétermination d'une propriété soient de nature probabiliste. Concrètement, cela implique que les valeurs susceptibles de déterminer ce qui compte comme « clairement vieux », y compris relativement à un seul individu, puissent eux-mêmes prendre différentes valeurs plus ou moins probables. Plusieurs propositions ont été faites pour traiter du statut des propriétés vagues en termes probabilistes, mais un examen de ces propositions dépasse le cadre de notre étude. Une autre stratégie consiste à postuler que les « bords » de la région d'indétermination ont à leur tour une région d'indétermination, mais plus resserrée[1], et ainsi de suite.

D'autres objections que celles considérées ici à la théorie épistémique du vague mériteraient examen, notamment touchant la validité du principe de marge d'erreur qui joue un rôle central dans la théorie de Williamson. Afin de nous limiter, il m'a paru préférable de les laisser de côté. Comme le soutient Williamson, la théorie épistémique a pour elle son apparente simplicité, et son caractère conservateur relativement à la logique bivalente classique.

De mon point de vue, cependant, cette théorie ne l'emporte pas sur une conception de nature sémantique du vague, en particulier parce que d'autres logiques que la logique bivalente s'accordent mieux avec la conception sémantique comme avec les données disponibles sur le vague, tout en maintenant le champ d'application de la logique classique pour les propriétés exactes[2].

---

1. Voir D. Ripley, « Sorting out the Sorites », art. cit. ; P. Pagin, « Tolerance and Higher-Order Vagueness », *Synthese*, 194 (10), 2017, p. 3727-3760.
2. Voir notamment P. Cobreros *et al.*, « Tolerant, Classical, Strict » et « Vagueness, Truth and Permissive Consequence », art. cit.

TABLE DES MATIÈRES

TEXTES ET COMMENTAIRES

Dépôt légal : décembre 2018
IMPRIMÉ EN FRANCE

Imprimé en décembre 2018 à l'imprimerie « La Source d'Or »
63039 CLERMONT-FERRAND - Imprimeur n° 20945K